神鬼正紀

第三冊目録

孟士表先生辨敬録

孟士表先生辨敬錄

神鬼正紀（外四種）

謝輝　肖清和　姚大勇　等　整理

明清之際西方傳教士漢籍叢刊

【第三輯】

③

周振鶴　主編

鳳凰出版社

天主教要注略

天主聖教百問答

寰宇始末

輿圖彙言

孟士表先生辨敬録

孟儒望論著
謝　輝校點

提要

《孟士表先生辨敬録》（一名《天學辨敬録》）一卷，葡萄牙孟儒望（João Monteiro，一六〇二—一六四八）著。孟氏字士表，一六〇二年生於波爾圖教區的麥若·弗里奥（Mejamfrio），一六二〇年於里斯本進入初修院，一六二五年前往印度果阿。在此完成學業後，歷任果阿修院教習，澳門哲學教習三年，神學教習二年，修院院長。一六三六年進入中國，一六三七年在江西，一六三九年在浙江，一六四八年任傳教區司庫與澳門的中國基督教徒的本堂司鐸。同年在印度逝世〔一〕。

〔一〕［法］榮振華等著，耿昇譯《十六—二十世紀入華天主教傳教士列傳》，廣西師範大學出版社，二〇一〇年，第二四六頁。［法］費賴之著，馮承鈞譯《在華耶穌會士列傳及書目》，中華書局，一九九五年，第二四九—二五〇頁。

孟儒望存世之中文著作，除《辨敬録》外，尚有《天學四鏡》（一名《炤迷四鏡》）一卷，僅有抄本流傳。其中臺灣輔仁大學圖書館所藏者爲徐家匯舊藏，已影印入《徐家匯藏書樓明清天主教文獻》，葉農《耶穌會士孟儒望漢文著述集》據其標點。法國國家圖書館藏有二部（館藏號 Chinois 7131、7132），《明清之際西方傳教士漢籍叢刊》（第二輯）據前本點校。又《天學略義》一卷，梵蒂岡圖書館藏有明末景教堂刻本（館藏號 Raccolta Generale Oriente III 213.15），法國國家圖書館藏有抄本（館藏號 Chinois 6898），《天主教東傳文獻續編》《梵蒂岡圖書館藏明清中西文化交流史文獻叢刊》（第一輯）均據梵蒂岡本影印，《耶穌會士孟儒望漢文著述集》、《明清之際西方傳教士漢籍叢刊》（第一輯）又據《續編》影印本點校。此外尚譯有《煉獄禱文》《耶穌聖號禱文》，多收録於各種天主教經文總牘中，如梵蒂岡圖書館藏《聖教總牘》（《梵蒂岡圖書館藏明清中西文化交流史文獻叢刊》（第一輯）第四四册）即有收録。法國國家圖書館另藏有抄本《天主一體三位論》（館藏號 Chinois 6899），亦署『孟儒望述』。此本包括《天主包含三位》與《天主一體三位論》兩篇文章，經查核，前者出於《天學略義》，後者則主要來自王豐肅（Alfonso Vagnone，一四六八—一六四〇，即高一志）《教要解略》。另有一些與之相關的西文文獻，如葡萄牙國家圖書館（Biblioteca Nacional)藏有孟氏於一六四二年九月七日寫於杭州的年信，阿儒達檔案館(Biblioteca da Ajuda)則藏有其於一六三八年十月一六日寫於南昌的年信[一]。需要説明的是，有學者提出，葡萄牙里斯本科學院圖書館(Academia das Ciências)藏有一部題爲《快速簡捷學説漢語的唯一真正方法》的葡文手稿，有孟儒望署名。然文中又謂孟氏於一六九八至一七〇二和一七〇四至一七〇七年間兩度任葡萄牙耶穌會中國副教省長[二]，與孟氏生平絕不相符，而合於另一葡萄牙耶穌會士穆若瑟(José Monterio，一六四六—一七二〇)之情況，疑作者誤認。除了自行撰述之外，孟氏還參與訂正了其他一些耶穌會士的中文作品。如羅明堅(Michele Ruggieri，一五四三—一六〇七)《天主聖教實録》之修訂本，以及陽瑪諾(Manuel Dias，一五七四—一六五九)《唐景教碑頌正詮》、《聖經直解》，卷前所題訂正人中，均有孟氏。《辨敬録》撰寫的時間，約在崇禎十五年(一六四二)。在本書第二篇中，孟氏自

[一] [美]柏理安著，毛瑞方譯《東方之旅》，江蘇人民出版社，二〇一七年，第一一三—一一四頁。

[二] 吴蕙儀《十七、十八世紀之交歐洲在華傳教士漢語知識的傳承與流變》，《國際漢學》二〇一七年第四期。

言『自天主降生至今崇禎壬午，計一千六百四十二載』，而卷前錢廷煥序亦署『崇禎壬午夏』，均可證。此時孟氏正在浙江。《在華耶穌會士列傳及書目》謂《天學略義》疑亦刻於是年，今見二本皆用寫刻體，版式行款亦類似，確似同時之作。又《天學四鏡》卷前序文題崇禎癸未（一六四三），也在其後不久。卷前所題審定人爲陽瑪諾、傅汎際（Francisco Furtado，一五八九——一六五三）與梅高（José Estevão de Almeida，一六一二——一六四七），準印人則爲艾儒略（Giulio Aleni，一五八二——一六四九）。其審定者三人均與孟氏同爲葡萄牙人，多有互爲訂正著作之舉，如《天學四鏡》卷前審定人中有陽瑪諾、梅高，《天學略義》審定人中有陽瑪諾，準印人則爲傅汎際。又有筆潤者張能信、朱宗元，參校者錢廷煥、水榮褒，張、朱、錢三人且作有序言。其中朱宗元爲明末清初著名中國天主教徒，著有《拯世略説》、《答客問》、《天主聖教豁疑論》等。張能信字成義，慈溪人，張九德之子，曾學於劉宗周[一]。錢廷煥字發公，慈溪人，崇禎間諸生，善畫梅[二]。水榮褒，鄞縣人。《桃源水氏宗譜》有其小

[一] 龔纓晏《明清之際的浙東學人與西學》，《浙江大學學報（人文社會科學版）》二〇〇六年第三期。
[二] 劉亞斌、王澤穎《明末天主教儒士朱宗元與西學的接受》，《濟南職業學院學報》二〇一四年第一期。

傳，謂其爲郡庠生，字德賢，號聖予。明萬曆三十八年（一六一〇）生，清順治十五年（一六五八）卒，年四十九。娶趙氏，有二子〔一〕。此四人均與孟氏交好，《天學四鏡》卷前所題校正人中，四人均在其列，張能信且爲之作序。朱宗元還曾參與校訂《天學略義》。張能信爲朱宗元《答客問》作序，謂『朱子隨孟先生訪我於玫園，而發公氏適自楚反』〔二〕，孟先生即孟儒望。此訪也在崇禎十五年左右，大約即是在此時，孟氏與浙東地區的中國士人，有了比較密切的往來，并在其協助下，撰成《辨敬録》等一系列中文著作。

在現存的明清之際西學漢籍中，《辨敬録》是一部較爲獨特之作。其基本思路是，以『敬』爲中心，從當敬與不當敬、致敬之差等、致敬之禮儀等方面，闡述天主教思想。首先，在何者當敬、何者不當敬的問題上，孟氏明確提出，當敬者爲天主、聖母與天神聖人。之所以其當敬，是由於天主乃天地之主，有三位一體之性，造成世

〔一〕（清）水志成等纂《桃源水氏宗譜》卷四，清道光二十三年（一八四三）本源堂木活字本。
〔二〕（明）張能信《敘》，《答客問》卷首，《梵蒂岡圖書館藏明清中西文化交流史文獻叢刊》（第一輯）第二五册，大象出版社，二〇一四年，第四四〇頁。

間萬物與人類。後因亞當夏娃偷食禁果，沾染原罪，故耶穌降生救世。對這一天主教的基本理論，孟氏極爲重視，認爲只有『識天地之有主，識此主之性，識厥降生救世』（《辨敬録》第三篇），方知天主與耶穌當敬，而耶穌被釘之十字架、孕育耶穌之聖母，及天主造成護守世人之天神等，亦因之當敬。故以全書前兩章的篇幅，集中闡釋這一問題。與之相對者，則『天地不足敬，日月星辰不足敬，山川河嶽不足敬，佛老不足敬，祠廟不足敬』（同上），特别是佛老使人背主奉己，不僅不足敬，還應視爲深仇，棄絕毁滅之。

其次，在致敬之差等方面，孟氏認爲敬有上、中、下三等。上等敬天主、耶穌與十字架，中等敬聖母，下等敬天神與聖人。其餘聖像、聖物，亦隨其所屬而分三等。此處孟氏重點討論了兩個問題：一是分屬三等的依據。如耶穌降生爲人，有人之性，但因合於天主第二之位，故宜與天主同受上等之敬。聖母本爲人類，但受天主寵祐，未沾染原罪，又孕生耶穌，故居天神之上，受中等之敬。二是各等之間有嚴格界限，不能逾越。如耶穌雖當受上敬，然敬之者如僅向其人性，則宜用中等之禮，因上敬僅能用於天主之性。又如聖母雖孕生耶穌，但不能用上禮以敬之，亦不能求其赦罪，因赦罪之權僅屬天主。

最後，對於致敬之禮儀，孟氏將其分爲無形者與有形者，而又以無形者爲重。因無形者乃靈性之敬，不假外在儀式，所謂『非拜非跪，非垂非稽，别有默想，潛通玄契』（《辨敬録》第四篇）。空有外恭而無内敬，則儀式不過爲虚文而已。故孟氏雖稱『形神並飭，乃完厥義』（同上），但實際更重無形之默想，自天主至聖人各等之下均詳述之。至於外儀，則僅在《詳論恭敬天主之範》一篇中有比較詳細的論述。

總之，《辨敬録》以『敬』爲綱，融攝教義、教史、默想、禮儀，以及辨教等諸多内容，體系精密，内容完備。與孟氏的其餘兩部中文著作《天學四鏡》與《天學略義》相比，彼所論多集中在天主創世、降生救贖、天堂地獄、末日審判等教義上，尚不及《辨敬録》所涉範圍之廣。從這一角度而言，説《辨敬録》是孟儒望之代表作，應不爲過。在研究孟氏思想與明清中西文化交流史等諸多方面，均較有價值。例如，本書的一個特點是，較爲詳細地闡述了三位一體的理論。此問題較爲艱澀，明清來華傳教士多有略而不談者，甚至謂：『這個道理狠深奥，狠奇妙，遠遠超過我們人的聰明。但既然天主特特默啓我們，耶穌又親口告訴我們，我們在世堅堅固固信服就彀了。我們要到天堂見了陡斯，纔能清白懂得陡斯一性三位的奧妙。』〔一〕而孟氏則對此問題較爲重視，不僅於此詳言之，又於《天學略義》中，特立《天主包含三位》一章。此外孟氏參與修訂的《天主聖教實録》，較初刻本增入論三位一體之《天主聖性》章，乃取自王豐肅《教要解略》，疑亦與孟氏有關。由此即可反映出孟氏的一個較爲顯著的思想特色。又如，《辨敬録》第九篇曾提及，數年之前，有意大利耶穌會士瑪載羅，受方濟各沙勿略（Francis Xavier，一五〇六—一五五二）之啓示，前往日本傳教，並最終殉教。此所謂瑪載羅，即 Marcello Mastrilli（一六〇三—一六三七），生於那不勒斯，十四歲入耶穌會。一六三三年十二月，被工人誤墜之錘擊成重傷。次年一月三日夜，恍見方濟各沙勿略顯現於其前，爲療其傷并命往日本傳教。遂於一六三五年，自里斯本出發前往印度果阿。一六三七年，自印度取道馬六甲與菲律賓，前往日本。九月在九州島之薩摩藩登陸，隨即被捕并送往長崎，十月十四日殉教〔二〕。耶

〔一〕［法］賀清泰《古新聖經》，《徐家匯藏書樓明清天主教文獻續編》第二八册，利氏學社，二〇一三年，第一八頁。

〔二〕Clive Willis *The Martyrdom of Father Marcello Mastrilli S. J.* Journal of the Royal Asiatic Society Hong Kong Branch Vol 53(2013), pp 215—225

穌會士日本傳教的情況，中文典籍中記載不多。此不僅有助於考證瑪載羅其人其事，還可以在一定程度上反映出當時中日兩地傳教士彼此聯繫、聲氣相通的情況。此外，本書文辭雅馴，引經據典，這與朱宗元等中國士人的潤飾是分不開的，故可據以考察儒家天主教徒與傳教士合作著述與相互影響的情況。總的來看，具有多方面的研究價值。

本書國内未見有流傳，已知傳世之本皆在歐洲。其中梵蒂岡圖書館藏一部（館藏號 RaccoltaGeneraleOriente III 223.14），已影印入《梵蒂岡圖書館藏明清中西文化交流史文獻叢刊》（第一輯）第三一册，法國國家圖書館（館藏號 Chinois 6897）、英國牛津大學博德利圖書館（館藏號 Sinica 56）亦各藏一部。此外意大利羅馬國家圖書館也有收藏，但限於條件，未能寓目。目前所見的梵蒂岡、法國、英國所藏三部，乃同一版本，約刻於明末。該本半頁九行十八字，白口，四周單邊，無魚尾。版心上題『辨敬録』，下題頁碼與『全能堂』。卷端題『孟士表先生辨敬録，西海孟儒望論著，東海張能信、朱宗元筆潤』。法國與英國藏本卷前有書名頁，題書名、作者與訂正、准印、筆潤、參校人名氏，梵蒂岡藏本無之。今取法國藏本為底本，卷中殘缺與漫漶之處則參校梵蒂岡藏本。底本天頭原有佚名批註，當出於中國信教士人之手，今亦備録以資參考。卷前張能信、朱宗元、錢廷煥三篇序文，又見於清代劉凝編《天學集解》卷五。以該書惟一傳世的俄羅斯藏清抄本校之，雖略有異同，但多無關緊要，且文意亦未必更勝，故未採用。不足之處，敬請讀者批評指正。

天學辨敬録

耶穌會孟儒望著
傅汎際
同會陽瑪諾仝訂
梅　高
值會艾儒略准
張能信
東海朱宗元　筆潤
錢廷煥
水榮褒　參較

張序

張能信曰：治世三大經，是否一，賞罰二，禍福三。三者殊稱不殊實，同功不同用。名莫嚴於是否，受者有能動弗能動焉；權莫震於賞罰，施者有所及所弗及焉；應莫神於禍福，施之不患有弗及也，受之不容有弗動也。繇昔經傳史策，紀載禍福影響，徵其理，理則可徵，驗其事，事則允驗。忠臣離是説，不敢以告君；慈父離是説，不忍訓其子。危言婉言而各有合也。故其人恪畏禍福也者，則必恪畏賞罰，則必恪畏是否，有不之於聖賢焉亦僅矣。其人蔑畏禍福也者，則必蔑畏賞罰，則必蔑畏是否，有不之於禽獸焉亦僅矣。是否，治人之名也，而形不接；賞罰，治人之形也，而神不接。禍福暫治形，久治神。形與神並接，即名亦從而接矣。故夫是否一之於聖賢，則莫竊迺是否者焉；賞罰一之於君相，則莫竊迺賞罰者焉；禍福一之於上主，則莫竊迺禍福者焉。上主禍福奢矣，備是否賞罰之未備；上主禍福公矣，恆是否賞罰之未愜。今夫人壽期於百年，世榮止於三公，福云至矣。豈無德且百過此者乎，豈無德且百不及此者乎，豈無百相反悖此者乎？遇兼夭困，辱備五刑，禍云至矣。豈無惡且萬過此者乎，豈無惡或未至此者乎，豈無賢士正人不幸坐此者乎？賞罰偏，則聖賢阻其是否；是否勝，則君相窮其賞罰。故司馬公云：『無天堂則已，有則必君子登也。無地獄則已，有則必小人入也。』此言上主之禍福至乎至朗也。蓋人有死疾瘵，有死水火，有死桁梏鋸鑊，厥死惟均。忠臣烈士曰：水火疾瘵死也，與死於桁梏鋸鑊孰優？故視死焉如飴。賊子亂臣曰：桁梏鋸鑊死也，與死於水火疾瘵孰劣？故走死焉如騖。君子固不避禍，即奪福焉，善猶宜爲。然善積而永福不集，可謂君子無負上主矣。豈不上主反負君子乎？小人原不望福，即臨禍焉，惡猶貪作。況惡積而永禍不來，可謂上主太縱小人矣。彼小人又何忌聖賢君相乎？且君子之立言也，爲可垂誡，即未覩其事，猶將表之；爲不可垂誡，即身親其事，猶將諱之。天堂地獄之説，其理無悖於儒，其教有功於世。異端亦言之，則奉焉；西士亦言之，則惑焉；中儒亦言之，則隱焉。可不云最聾不聞，最瞽不覩者乎？大凡經史言天，分有二矣。以形氣言天者，言十一重以下之天，譬如人之有身也。以禍福言天者，言十一重以上之天，譬如人身之有靈也。試夜測星躔，何以此辰周、彼辰不周，何以此天疾動、彼天緩動？則知天之果有多重矣。多重以下之象緯躔度，指掌也，鑒髮也。詎獨多重以上，帝居永靜之天，爲可疑乎？身雖未至，而可以理斷之者，天堂地獄之説是也。目雖未擊，而可以事斷之者，耶穌降贖之説是也。天主自降則疑之，虹流岳降、履跡銜卵則不疑，可不云最瞽最聾之尤最者乎？又經史言鬼神，亦分有二矣。獨言鬼者，邪之屬也。獨言神者，正之屬也。兼言鬼神者，未可定之之辭也。神有吉德焉，鬼有凶德焉，行之而有得於己之謂也。神行之而得其爲神，鬼行之亦得其爲鬼。神得其爲神而神盛，鬼得其爲鬼亦鬼劇。邪鬼正神，其才力相爭相敵，而正勝邪。雖其無形無聲，而不可睹聞也同，其能使人畏敬也同。但鬼之禍福也私，私則以邪諂邪而可度；鬼之禍福也竊，竊則以邪欺邪而可斁。神不可度，神不可斁，鬼不格而神格也。格者，正也。無形者形形，無聲者聲聲，兩敬相遇，豈非誠乎？於何辨之？辨之於先與後也。天地方域從古不減，而祠廟之鬼及後漸增，則前乎此有失守之官。天地方域自今不增，而祠廟之鬼漸增漸積，則後乎此有相侵之職。不知上主肇立天地，即建無限天神之位，分司天地萬物之事，非待人之既朽，而後代天司化也。若今俗所傳某人爲城隍、某人爲閻羅、某人爲功曹判案等，則豈鬼神亦有升陟降黜之位乎？假使鬼神亦遷除，亦改調，則是鬼神亦不免於功罪，亦不免於枉直，亦不免於公私也。公直自可，私枉何堪？宜乎操豚酒以望富貴，焚楮錢而祈蔭佑者之累累也。夫昭昭之是否淆矣，全恃冥冥能壹之；昭昭之賞罰頗矣，全恃冥冥能平之。而世俗相奉鬼神既如彼，相詫禍福又如此，此孰從而定哉？吾聞邑有公祠，所以旌勳；家有私廟，所以崇恩。靡勳靡恩，名曰淫祀，有隳無留，昔賢可法也。今之狂生瞀儒，入則蚑行杵額，乞哀貢媚。出而語人曰：『我敬其人，非求福也。』然則儒生誦法孔子，致敬宜先文廟，何自燔肉而外，未見僕僕亟拜於孔子者哉？而且風步翅肩，大言曰吾儒吾儒，竊恐吾欲儒而儒不吾也。可勝哂耶，可勝涕耶？吾儒之統，兆自羲畫。而孔子贊之曰：『大哉乾元，萬物資始，乃統天。』夫乾之元，天之統，此何謂也？求理於《易》，可以止矣。學《易》如孔子，可以止矣。且儒者之業甚大於勸誡，儒者之理甚精於性命。今有人生之莫知所以生，死之莫知所以死，則與毛角奚別焉？夏王云：『生寄也，死歸也。』後世言生死萬殊，要不出寄歸二字之義而已。暫而來、暫而往之謂寄，自彼來、自彼往之謂歸。假爲氣散無知之論，則將歸於何所哉？假爲輪回托生之論，則展轉寄世，安得謂之歸哉？假爲修仙證佛之論，則人非仙佛所生，又安得歸於仙佛哉？故天堂之義，中儒列之，詳矣、灼矣、確矣。有是必有否，有賞必有罰，有福必有禍，有正必有邪，有神必有鬼，有高必有下，有天必有地，有堂必有獄，又何疑焉，又何疑之甚焉？疑之則助於不肖之尤者焉。修士端人，考證書傳，禍福昭然，愈自喜也。以若所言，則是我將登於天也。以若所爲，則我非有難能也。凶流奸黨，聞教而自傷也。以若所言，則是我將入於地也。以若所爲，則我萬不能遷、萬不能改也。我雖死而入獄，而親戚友朋莫有見也。又何賴汝揭揭言之，以預告我親戚友朋爲？不如拒之，不如闢之。是其志也。試士入闈，自幸其文將售也，則先譽其主文之公而明也；自羞其文將落也，則先誣其主文之暗而私也。是其志也。是故有聖賢晰理之人，有仙釋左道之人，有世俗飲食之人。聖賢之人之於天神之黨，左道之人之於邪鬼之黨。世俗之人，渴飲饑食，昧昧生，昧昧死，之於禽獸之黨。然逃墨斯歸楊矣，逃楊斯歸儒矣。仙釋左道，知論生死而不知生死之故，知明禍福而不知禍福之原，猶有敬者存焉，失於辨之而不早辨也。所可哀也，亦可懷也。之則孟先生之好辨，有不可已也。之則予與朱氏受而傳之，有同心也。之則所以辨神於鬼也，所以辨人於禽獸也，所以辨未死之人於既死之人也，辨冠衿之禽獸於角羽之禽獸也，辨語言文字之禽獸於睢睢喁喁之禽獸也，嚴矣哉。

東海後覺張能信望先氏敬書於三畏齋中。

朱序

朱宗元曰：縱橫闔闢之説興，而諸侯之名實亂矣。法律功利之學興，而先王之仁義亂矣。異端邪魔之教興，而真主之大道亂矣。故縱橫闔闢，竊聽者也；法律功利，竊治者也；異端邪魔，竊心者也。心雖爲異端邪魔所竊，而其本來之良，則有不可盡泯者。即本來之良，他雖盡泯，而其肅然一念，則有不可盡泯者。故識敬，良知也；克敬，良能也。君子之功，極於篤恭以平天下，而肇於戒懼以致中和。小人弑父與君，則無忌憚爲之芽也。故一念惕然，則百理進，百私退；一念頹然，則百私進，百理退。故君子一之於敬，則兩得之矣；小人一之於肆，則兩失之矣。故曰：『敬者，德之聚也。』古儒有以主敬爲學者，意謂敬則心體常惺惺，常惺惺即道心恒爲主，人心無自而爭。然存之而不知所以施之，是有體而無用也。故敬而繫之辨也，非辨敬體也，辨敬用也。孟先生曰：人心之猶可教也，以敬思之未盡亡也。使舉世悉狂悖恣慢，而無復畏忌，雖聖人無以治天下。予之致辨者，非謂人之盡狂悖恣慢也。謂其有惕然肅然之心，而不知所以施之，而倒行之，而誤用之也。予之致辨者，亦欲舉良知良能之不可泯者，悉而致諸知能之所自出耳。今夫盜賊横行，過孝子之里，則相戒不犯。獲敵國一臣，或抗節不屈，雖在仇讐，咄嗟奇之。何以感服忠孝若是？人莫不感服忠孝，人莫不知有君父也，孰知夫生天生地者之爲大父也，孰知夫主宰萬物者之爲大君也？孟先生曰：予非能舉悍然不可回者，逆而揉之，矯而易之也。特因人心之未盡牿亡者，擴而充之耳。故因人之致敬君父也，教以欽崇大父共君；因人之不拜衣食居室也，教以無拜天地日月；因人之不恭亂賊也，教以無恭仙釋；因人之不愛魂讐也，教以無欽鬼魔。聞若説者，始而駭，中而疑，卒乃釋然，而後知天地其役事我者也，萬物糧資我者也，鬼魔誘我者也，仙釋古人得罪於我大父共君者也。則我何始，自無而授之有，非天主耶？我何存，永保俾不歸本無，非天主耶？我何終，定其賞罰而福之、而禍之，非天主耶？故殫吾内司外官，悉以致敬於主。十字架，吾主救世之具也，則敬之。聖母，吾主降胎之母也，則敬之。天神聖人，吾主之忠臣孝子也，則敬之。敬之維何？拜稽焉，想誦焉，與彌撒焉，非牲犧粢盛之謂也。故《辨敬録》總歸二端：一晰當敬與不當敬之别，一晰致敬之差等。敬生惕，惕生畏，畏則有所避，而不敢爲不善。抑敬生愛，愛生慕，慕則有所冀，而決於爲善。故使人日遠小人，而日近君子者，敬也。使人祇祇，而不祇不祇者，敬之辨也。使人父得訓其子，近得播諸遠者，辨敬之録也。先生之爲是録也，非樂於縷陳絮折也。邪正黑白之淆亂久矣，辨之者如淘金於沙，别彩線於日中，雖欲不縷陳絮折而不可得也。嗚乎，吾驕矜也與哉？靈才如此敻絕也，而視受造特毫末耳。神人萬有之美好，如此其廣博也，而視授造主，如涓滴於滄溟耳。吾誇肆也與哉？大道如光，天步若徑，然方且舉世昧昧，事仇爲君，認賊爲父，何其大不解也？舉千百年來，所迷惑錮蔽而不解者，一旦揭日月而示之。是録也，其殆行海之指南針乎，其殆暗室之夜光珠乎？嗚呼！人心爲異端邪魔盜據久矣，先生奪而歸之。昔儒謂功不在禹下者，其先生之謂與？

鄞人朱宗元思默氏拜手敬題於高美臺上。

錢序

錢廷煥曰：學士家讀書論道，峻負上達之姿，輒欲抗志希天，恒游奸世，滯淫誘，迷迷趨避，覥息罔生，而卒未詳昭事之寔。雖歲時瞻拜，疾患籲呼，猶適越而北其指，馬愈駿，馳愈捷，而去越愈遠耳。復何怪萌之蚩蚩，摶土刻石雕木而以爲靈，佞魔爲主而伏敬之，求其所不能與之福，禳其所不能除之禍也？噫，可不惜哉！是烏容以無辨。昔夫子嚴斥非鬼，而兢兢獲罪於天。《中庸》訓事帝知天，而亟求明辨。可見人情儼恪奉尊，類未有不辨而致吾敬者。而辨之有其次，必務先辨是非、辨疑信，使守其要、識其歸，而後可求其放心，伐其邪氣，爲能確嚮一尊，以致吾敬。雖然，吾猶謂事天者，可無辨其是而辨其非。非道，非德，非理，非氣，非形，非性，非萬物，非自然，而有爲道德、理氣、形性、萬物、自然者之宗。則爲即空即色非，爲玄之又玄非，爲無全功全能全用又非。元元本本，無始無終，誰更權輿匠化者耶？亦可無辨其信而辨其疑，則爲觸山鍊石疑，爲須彌日月恒河沙數之天地疑。縱受主瑞相，爲扳髯吞卵、履蹟剖脇、合龍繞虹，感星降嶽之崛生愈疑。而吾主之元體，降接人性，禎跡顯示，超玅難窮，經册娓徵，在晦彌炳者，則何疑也？在拘儒以肉目不見爲無，而王頎訪兩面之客，海民獲長臂之衣，武都婦化爲男，成都男化爲女，洎夫周娥殉墓，十載卻活，嬴諜暴市，六日而甦。若此之類，嬗變莫詰，子槩不語，史或闕文，則皆猶滋博宿之疑。而吾主之救贖受苦，復活翔昇，垂肇生莫大之恩慈，終古最神之威爽者，復何疑也？認是堅信，去非拔疑，而後可求其放心，伐其邪氣，明旦赫敕，呼噏湛通，而翻然至敬生焉。始悟至尊無二主，至道無二理，吾人亦不可有二向。則所辨天地日月星辰，可無敬也；山川觀刹祠廟，可無敬也。仰而溯諸聖母與天神聖人，至可敬矣，而猶不得敬以天主之敬也。而敬止矣，蔑以尚矣。抑敬稱德輿，西學向天主三德，而信尤爲之首。信者，萬善之成，而美大聖神之始也，不可不蚤務也。自今翼翼小心，率吾分誼，惕仇遵誡，唯命是從。自非横生倒生，凡顱戴天而踵曳地者，又誰非吾主之功臣肖子，迺待諄諄辨定，始肅然易慮哉？夫人情易黨所習溺，而喜開所困衡。讀《辨敬録》，猶勿震聾沁鬲，泚汗痛泣，而投誠大父者，此其人又勿與置辨可也。著録若干篇，泰西孟先生以寓梯航傳敎，熱切愛人之大願，横口横筆，字字靈詮，而予友朱維城、張成義勇勸之。成義謂予同學宜有言，予能言而兩君，皆予邦高智誠修之士，善領予奮邁希天者也，故樂道予之所得者以質之。先生固無藉予言也。

崇禎壬午夏，錢廷煥文則氏敬敘於顯思堂。

孟士表先生辨敬録

西海孟儒望論著　東海張能信朱宗元筆潤

第一篇　論人當因世上萬有而推尋造化之主隨證天地神人釋老皆不可爲主

莫悍於盜賊，有時肅然，莫狂于淫子，有時瞿然，此言恭敬之生而有也。而或誤用之，則稽天而拜矣，望佛而求矣，祝土龍矣，欽死人矣。良繇不明真主，故邪正罕察也。今欲晰恭敬之義乎，先宜知群倫錯彙，允有造成之主，且非待書傳論說而始知也。天地動靜，呼人認主矣。日月光華，呼人認主矣。萬物妙有，呼人認主矣。今夫天，確然冥然，蒼蒼而晶晶然；今夫地，塊然凝然，茫茫而碌碌然。彼既非有靈矣，何以旋運循度，流峙奠居，若出於靈者之攸爲？則其動其靜，非己力也，有授之者也。日月麗乎天，其無靈猶是，萬物育乎地，其無靈亦猶是。則其光華、其妙有，非己力也，有授之者也。自無而授之有，是萬有之所從生，授生者不可見，觀其受生者而即知之。故曰：呼人認主也。然則馳情乾坤之廣大，仰觀七政之行躔，流覽四時之屈伸，旁測元行之變化，默鑒神人之美好，俯察百類之參差，雖未睹授生，而即此受生者，紛紛紜紜其不可舉數既如是，亦足知厥中必有至美孔好，可敬畏之真主矣。而此主何始乎？無始。無始故能爲天地始，能爲萬物始，能爲衆善始。譬之水出於源，而源非緣他源，木生於本，而本非繇他本。唯不格物窮理，謬言天爲自有，無所從生。不知自有者，必具全能全智全善〔一〕。蓋既本性圜滿自足，則外無從而限量之者〔二〕。乃天職覆，不能職載，其有限誰曰不然？既屬有限，豈其以己限己乎？則爲受有，而非自有明矣。且夫自有，則必能授有，其萬有之美好皆含於己。凡宇宙之物，或無形如神，或有靈如人，或有覺如禽獸，或有生如草木，悉厥容藏。今天

〔一〕 天頭批註：『言天非自有。』
〔二〕 天頭批註：『形天有限，不可爲無限量之主。』

非獨有形而已，亦並無靈，非獨無覺而已，亦並無生。曷言乎有形？昭昭在上，有目共睹，詎曰無形？曷言乎無靈？質模二端，成萬物之體而胥應。其在於人，以肉軀爲質，以靈性爲模。今靈性攸模之質，其肉軀之相應既如是，使天而亦有靈焉以模之，則厥質當與人類。今質既不與人類，是豈有肖人之模乎？况有靈則自能變動，自能變動則人將不得而推測之。今既可推測，則是無靈也〔一〕。曷言乎無覺？凡有覺者，遇傷則痛。使天而有覺乎，則太陽至熱，終古上麗，必焚灼焦爛，而不堪痛楚。又天包火，火包氣，氣包水，水包土，是切抵於天者，火也。今試取有覺之物，投諸火中，有不被燃者乎？乃天日與火習而不燃燬，則厥體爲頑塊，非屬朽壞，其無覺可知也。曷言乎無生？有生之物，皆具根芽，皆漸長大。試觀草木，繇甲拆而榮夭，繇榮夭而喬竦。今天亦然，必日新月盛，以充滿空際。乃天體萬古如斯，未有增長，其無生可知也。繇斯以譚，上之不能如天神之神，次之不能如人之靈，下之亦不能如草木禽獸之生且覺。然則天也者，固不包萬有之美好。不包萬有之美好，焉得爲萬有所從出而稱自有？且夫天與地正等耳。天可謂自有，則地亦可謂自有，其靈且覺者

〔一〕天頭批註：『人固有靈，故各人有各人之衷曲，對面而莫能測度其中節。』

更可謂自有。則皆能爲物主，則皆本性圜滿充足，而無假於外。胡以寓内種種，咸相資相賴以成耶？故曰受有而非自有也。况受造者恒有似授造者。今受造諸屬，如神靈，如生覺，無一與天相似，則天豈得爲授造主乎？又宙合之間，靈者生有靈之性，覺者生有覺之性，生者生有生之性，而咸屬於朽壞。天既不壞，則不含三者之性。不含三者之性，則無靈焉能生靈，無覺焉能生覺，無生焉能生生？而謂飛潛動植及我人類，俱出於天也，可乎？

或曰：日光溫煖下土，資育百昌，寒暑顯藏，皆以其進退爲節，則日似可爲造物主。不知日之頑冥，與天靡異。徵按物理，日乃百物之公所以然，及次一所以然。蓋萬有之生育，皆從三所以然而出，曰至公所以然，曰公所以然，曰私所以然。即以人類言之，造物主至公所以然，及最初所以然也。蓋造物主從無造有，模質皆其攸賦，又時時保存之，故曰至公。日之爲公所以然者，使大〔一〕天地無日，則汶暗乾冷，化育盡息。然其炤臨世宙，一切含生罔不藉賴，非特爲人類攸資，故曰公所以然。人之父母爲人之所自出，故曰私所以然。猶之麟生於私所以然，則人之父母也。

〔一〕大：疑誤。梵蒂岡本似作「夫」，較通。

麟，則麟爲麟之私所以然；鳳生於鳳，則鳳爲鳳之私所以然也〔一〕。然則日第生長萬物之一助，使非有至公所以然，雖得日以晅之，固不克憑空而生一模，憑空而生一質也。又焉得爲造物主乎？

或疑《詩》《書》言『天降下民』『天生蒸民』，至於『畏天之威』『祈天永命』，其説非一。假令天非造成神人百物之主，焉有生民之力，禍福之權乎？不知讀此兩語者，當既其義，不可泥其文。既其義，則所言天，即指在天之主，猶今人稱朝廷，即指朝廷之帝也。若泥其文，而惟以蒼蒼認天，則此蒼天不能移厥所，而至地以降民。謂降人之肉身耶？自古及今，人類之產，皆稟父母血氣，未有自空而墮者。謂降人之靈魂耶？則塊然不靈之質，焉能生靈？又造物主既生人物，須存之佑之，否且復歸於毀滅。然厥體不在於此，即不能行存佑於此。天既巍然上處，絕遠乎物，而萬物蕤蕤，未嘗息止，則存佑非天之力也。存佑非天之力，則必有一全能至神，無所不在之真主，充貫乎六合内外，處物之裏，處物之表，體物而不遺，而物物依之以生者，即

〔一〕天頭批註：『人生父母，乃私所以然。故人有傳生之道，而無生生之權。日能照物，亦私所以然。而俾之能照萬物者，有公所以然，天主操其運旋也。』

物物賴之以存矣。且夫至尊焉之謂主，群服焉之謂主，獨一而無與偶之爲主。今夫天，層累而上之，數以十二。永静者爲上天，運動者爲九重天，試問此各重間，當以何重爲主？若云有一最尊，則諸天同質均體，不克相君相服。若云各自爲主，則有儕偶，安得被主名？

雖然，凡此諸天，皆不足稱主。而覩此諸天，則因可識主〔一〕。今夫星月無光，借日之光以爲耀。自下上數，月居第一重天，日在第四，庶星處第八重。月朔日月同度，月行其下而掩日光，故日爲之蝕。然或南北同經，東西不同緯，則雖朔不蝕。月望日月相對，地在中間，影遮日光使不及月，而月爲之蝕。但地影不至第八重天，又星天居日之上，日光恒炤其下面，故星體嘗明耀而無剝蝕。論厥位次，則最高一層，崇廣莫京，萬善衆福攸集之區，静寂不運。自此以下，則皆動天也。宗動天自東而西，一日一周，每日行三百六十度。宗動天下，又有東西歲差、南北歲差二重。因其僅可測算，而甚渺渺，故動天止稱九重。自經星而下八天，皆自西而東，厥行之遲速不一。第八重即經星天，七十年行一度。第七重即鎮星天，三十歲一周。第六重即

〔一〕天頭批註：『天有多重，是知非獨尊之主。』

歲星天，十二年一周。第五重即火星天，凡二年一周。第四重日天，一歲一周。第三重即太白天，第二重即辰星天，其行度同日。最下一重乃月天也，一月行三百六十度。凡皆晝夜循環，刻時流運，育下地之動植，備吾人之日用。非有至靈全能之主，爲之安排布敘，安能俾行度纖毫不忒，躔行萬古晝一哉？譬如自鳴鐘，按時而擊，巧極自然。然其先固有一聰慧絕倫之匠，凝心殫慮，造柱安輪，乃能若此。今人觀天，謂其自然，不測其所以然，何異睹自鳴鐘，竟忘作者之匠乎？又善人身後之福樂，在見天主。蓋一睹此主本性無窮之玅，即享無窮之榮福。故世上一切事物，俱不足滿飫靈性，惟最初所以然，克滿飫之〔一〕。假令天爲物主，凡見天者，必宜濊厭厥心。今人終日見天，而毫無福慶入其心，則知天之美好有限，不克充慰靈性之冀量。別有無限美好之主，能足靈願，俾一見而福樂我者矣。嗚呼！天且不得爲物主，而況於地乎，況於神人萬物乎，況於土木偽像乎？夫宇內萬有，既不足爲物宗，而錯綜變化，又非可以偶爾湊合。則因顯察微，緣固然而求所以然，亦可信有無形無對、無始無終，函神靈覺生之義，無所不在、無所不知、無所不能，自無而生天地神人萬物，

〔一〕天頭批註：『□見形天而不能生福慶，且不獲飽滿人心，是知非至美善之主。』

時時處處主宰保助、賞善罰惡之真主，爲衆類之大父，靈體之終向，所當愛敬信慕者矣。

第二篇　論天主三位一體之性及天地開闢降生救贖復活審判之義

既明宇宙之有主，則當明此主之性。主性惟一，而位實含三：第一位曰父，第二位曰子，第三位曰聖神。然三位共是一體，故不可言三主。蓋父明見本性無窮之妙，即生肖己之子。父子互愛，本性無窮之美好，即發肖己之聖神。然在天主明功之内者生子，在天主愛功之内者不生子。超性玄義，非習格物，未易口曉，故不具釋。要之，子之性即父之性，聖神之性即父子之性。故父無所不在，子無所不在，聖神無所不在。父無始，子無始，聖神無始。特聖神發於父子，子生於父，故第一位尤爲無元之元。然第一位既生第二位，雖盡其全能，不克再生一子。第一位與第二位既發第三位，雖盡其全能，不克更發一聖神。其在第三位，亦不復生復發遞傳無數之位。或疑天主内生位之能，與外生物之能，俱屬無限。今外能既生生不窮，内能何獨不然？若云有盡，詎號全能乎？曰：真主本性之生發，與生天地萬物特異。本性之生發在内，曰自然能。天地萬物之生生在外，曰自任能。自任能者，欲生則生，不欲生則止，妙義在不克竭厥力。自然能者，不能不生，不能不發，妙義在殫厥力。欲明斯義，先宜明諸體有二：一厥有，一厥行。有者先行，行者後有。蓋行繇於有，而有乃行之本。三位爲生物之本，則生位之能不繫天主之旨，而斯行歸於自然，生物之能繫於主旨，而斯行爲自任。其内能與外能，允别先後。但天主之神體至純，故斯别不在天主，在我明悟所透，覺天主獨有此别基耳。故所謂天主不克自盡其無窮，特就自任行言之。若自然之生發，繇天主之明者愛者。天主之明者既盡生之量，其愛者既盡發之量，罄蘊以付，厥能已殲，何緣復生復發他位乎？然父不能遏厥明，使不生子，父子不能遏厥愛，使不發聖神。所以然者，天主之有無始，則必含無限之妙有。試觀人之明悟，本有邊際。然明一物，莫不生此物之像，所謂念者是也。況天主明炤本性之至美好，而不生肖已之像乎？則已有授生者與受生者，兹授受之界，固胥别矣。故天主雖二位，不可謂有二性。蓋授生者非以性授之，惟以位授之。譬如人之生人，非以性生，惟緣厥位。衆人公稟之謂性，彼人此人之謂位。概指人性，不可謂之某人。所云某人，得性而自成其位。天主之受生者，亦不以性受之，惟以位受之。蓋授者與受者互視耳。譬如人之子，非獨以人之性某其人，而惟以子之位某其人也。或曰：父生子，畀以人性，不畀以己性，故人之父子各有本性，不可謂一。天主既有第一第二之分位，安得云一性乎？曰：人生子，不在己内，而在己外，故不能畀之以其本性。天主第一位非生第二位於其外，故雖不授之以其本位，實授之以其本性，位雖分而性則一也。或曰：人生子在外，天主之生子在内，何居？曰：人生子以形，天主本無形像，子繫父之明功，聖神繫父子之愛功。第一位明厥性，自然生子於厥内。第一位與第二位愛厥性，自然發聖神於厥内。故天主之位，僅止於三，欲增而四之不可得，亦必極於三，欲減而兩之不可得也。三位共成一體，同能同知同善，俱包兆福兆美，非有貴賤，非别區域。似此至妙，欲質言之，則溦渺而難通；欲廣譬之，又無物之克肖。不獲已而姑假二喻。一徵之日，有體有光有熱。日體生光，猶父生子；體與光發熱，猶父子發爲聖神；合體與光與熱，共成一日，猶父子聖神共成一主也。一徵諸人之靈性。人之靈司三：曰記含，曰明悟，曰愛欲。記含，父之像也；記厥事即明厥理，父生子之像也；記且明，即愛之，父子發聖神之像也。生發之次，但有元先後，無有時先後。又譬諸火然。火體無時而無光無熱，然光繇於體，熱繇於體與光。天主父無時而無子無聖神，然子繇於父，聖神繇於父子。故三位均爲無始，均無形像，均貫徹宇宙表裏，均全在天地間，均全在天地間之各分。非父在此，子在彼，聖神或在此在彼。凡已往未來，顯行隱心，莫不洞炤。自無而造萬有，既有克歸本無。據攸受造，寰宇廣天，難可殫悉。但厥造生次序，往牒可陳。

最先造成天地靜天之上，造成天神。天神已造，然後生飛潛動植之宗類。已造物類，然後生一男一女。男曰亞當，女曰厄韈，斯二人乃萬民之元祖。天主又造一所，備有世人攸願諸福樂，謂之地堂。爰置二人於中，俾守厥地而享之。天氣溫平，無寒暑之迫。自百穀以及草木，種種美觀甘食，用養厥體。又有嘗生之樹，食之無病不死。別有一樹，名辨善惡。天主欲試二人之信心，命之曰：『百果種種任爾攸食，惟辨善惡之果勿食。若守我命，諸盛福廣樂，微獨汝二人享之，乃萬禩子孫俱永享。若犯我命，一切罰奪，且爾罪之污，亦遞傳於爾裔。』時有首魔露際拂兒，妬我人類大福，現蛇形，謂厄韈曰：『天主命爾勿食是果，意若何？』答曰：『命我曰：一食必死，且降大刑。』邪魔曰：『不然。爾食此果，即辨知善惡，正如天主。天主恐爾與己等，肆有是禁。試食之，必不死。』厄韈聞言，遂生肖天主之凶心，乃采之，因以魔說示亞當，亞當亦信而同食之。從食茲果之後，凡天主攸賜，一切墜失。逐出安樂之域，勿俾復入。疾痛衰老，憂懼災患，億艱從此而起。土生荊棘，非盡力耕耨灌溉，則百穀不植。天堂之門閉隔不通，人犯主命，禽獸亦犯人之命。靈神乃始冥蔽，理欲交爭，而大約理心負，欲心勝。蓋背主爲根，山罪海愆，皆從此發。人性先正而後邪，先潔而後污，先吉而後凶，繇此祖之元罪也。或疑一果之犯，而刑僇流諸無窮，不已過乎？不知罪迹似輕，罪情至重。天主攸賜人類恩寵，孔碩罔倫。方賜之時，遽爾逆命，背本之罪，厥又何加？且天主命之勿食，而邪魔曰『天主恐厥如己』，遂信厥言，是以妬歸天主也。又食是果，冀將匹並天主，傲桀不恭殊甚。惟妬與傲，積惡之基。先祖一罪，而包蓄邪意，若此重庶，刑僇豈有過乎？又疑此先祖罪耳，何以加後人？蓋人類之體，悉在二人，自污性體，則繼體子姓，一孕母腹，即染舊污。故人生未有他情欲，必先有妬傲之心，譬如毒納於根，則結發果葉，皆體是根之毒也。亞當厄韈生男女多人，壽九百三十歲而死〔一〕。厥後子姓充滿天下，自開闢亦越二千一百餘載。世人頓諼真主，而漸淪於萬端罪惡，肆天主厭惡而期罰滅之。當是時有諸厄者，聖德人也，年五百歲。子三人，長曰笙，次曰岡，少曰雅拂。天主謂諸厄曰：『自人以及鳥獸諸類，我已期滅絕之矣。爾製一櫝，爲上中下三層，置爾及爾

〔一〕天頭批註：『亞當壽九百二十歲。』

妻爾子、子之妻，並納草木之實及鳥獸萬類之種於中。』諾厄如命，而天主自外闔門，地竅出泉，天降大雨，四十日不絕，水襄全地數丈，人物咸殄，獨兹一櫝漂浮不壞。亦越百五十日，天主發大風以減水，水消土燥，命諾厄等出櫝，曰：『爾復生養，充牣世界。』諾厄於洪水後，又生三百五十歲而死〔一〕。後昆子姓漸庶，語言胥一。後將徙於各方，乃議建大城，累高塔，令巔可及天，以彰今日之盛，以標後日之美，不亦休乎？遂經營肇工，曠日廢事。天主責其驕誕，一日忽分雜語言爲七十二種，俾不胥通。城塔之工遂息，各與同音者遷徙他方，漸徙漸疎，亦漸徙漸廣，以迄於萬方焉。

當時萬方人士，咸誠一以事天帝，絕無神怪佛像邪術，故人心正而風俗美。後氓或因慟父母兒女，繪畫厥形，或感國主大人之恩，雕塑厥像，供食跪拜，用彰親愛忠孝之念。至於既久，人遂駭厥精奇，重厥古遠，不知此悉死人之像而已。邪魔乘隙伏藏像內，或俾講言，或俾發光，或偽顯靈迹。人心乃漸惑溺，畏厥害，冀厥佑，故忘真主而棄正道。從古以來，純一以事天主，不爲異端惑者，惟如德亞國。主命聖梅瑟以書教，厥攸守誡，不外二端：愛天主萬有之上，及愛人如己。凡太古之語言

〔一〕天頭批註：『諾厄壽八百八十歲。有云其至今尚未死，天主安之地堂，大審判時出而致命。』

文字，天主經典，開闢以後實紀，獨存是國。厥邦屢有前知聖，蒙主默牖，克灼未來。厥未來中最重大者，爲天主第二位降世，用救贖原罪之事，皆一一書之典册，爰作日後之徵驗。亦越洪水後二千九百五十四載，當中國漢哀時，天主發無涯之慈，降生於如德亞國聖德童女瑪利亞之身，名曰耶穌，譯言救世者。但厥降生，獨繇天主聖神取瑪利亞淨血，造成一胎，非藉男女交媾。迄誕生，亦如日光越玻璃，玻璃體不損壞。故瑪利亞既生耶穌，仍謂之童女。天主無所不在，不待移徙，所謂降生，非自上而下於下也，亦非自此而之彼也。天主子取人之性與己之位相合。夫以天主之至尊，而合於人性之至卑，謙抑莫甚，故曰降生。故耶穌有人之肉軀，有人之靈魂，有天主第二之位。蓋徒恃人性，雖極聖德，不足以贖罪。而天主無形渺體，又不能受難以贖罪。是必有一人而天主，天主而人者，然後可代贖萬民原罪。故耶穌不可不謂之天主，亦不可不謂之人。居世三十三載，傳道化民，攸行奇蹟，如命死者生、瞽者明、跛者起之類，不可殫紀。惟本國傲心之徒，睹厥大能，不細察耶穌行事，原與古先知者攸記，一一符合。故惡其僭擬天主，執釘於十字架上而殺之。臨終之時，日忽失光，全地大震，乃信耶穌實天主。故耶穌之〔一〕難死，雖出於惡黨之妬害，寔厥本願樂爲，借彼人之傷，成自我之志，非不得已而強受也。死三日復活，厥身芳，厥容光，非口舌所揄揚。居世復四十日，與諸徒詳晰教奥，然後停午升天。論耶穌天主之性，無所受難，亦無所生死。其釘而死，死而復活者，皆耶穌人性之事也。靈魂離於肉軀則死，靈魂合於肉軀則復活。若天主第二之位，當其復活，固合於耶穌之肉身，合於耶穌之靈魂，即當其受難而死，亦合於耶穌之肉身與靈魂。自天主降生至今崇禎壬午，計一千六百四十二載。耶穌之十二宗徒遍遊天下，以天主聖教勸誨萬民，後皆爲道致命，厥靈升天，享無窮福。今識天主而守厥誡者，身後靈亦升天，及至宇宙窮盡，並厥肉身復活，以涉天國。若謬遵他説，與雖認主而違誡犯罪者，身死魂即置於地心，受罔極之苦，及至宇宙窮盡，並厥肉身亦復活，以入幽獄。凡天堂地獄之賞罰，永定不移，並無輪回轉生之事。昔耶穌訓人曰：寰宇卒有盡期，期將至，乃見大敗世事惡人，自稱真主降世，偽假契利斯督之名，依魔力造奇迹，概多被厥誑，佯登空中，誆衆以陟天。天主命巨神擊入地獄，衆乃悟乃悔。當時患既，地行

〔一〕之：底本此字之旁，前人校改爲『受』。

震動，山陵崩裂，海濤沸騰，暴風大作，疫癘競起，雷震電掣，彗鎗火劍，參落嚇人。諸天大變，日月薄蝕，人靡攸棲，惟願早亡。及至末日，天降大火，飛潛動植人類咸滅，天地水火土氣不壞。爰有天神吹號器，呼從前死者盡活，天堂之靈僉降，地獄之靈僉出，合厥本軀，聚審判所。吾主耶穌自天臨格，諸神扈蹕，一天神握十字架，爰證贖人之事，惡者置主左，善者置主右。主謂惡人曰：『爾輩勿認我，勿克恭余，犯訓蔑誡，今當與我遠離，墮地獄以受永苦。』言訖地裂，邪魔惡人悉入，遂不復出，亦不死。乃謂善人曰：『爾輩洵我義子，信我、望我、愛我、敬我，守我誡，感我恩。今當與我同升天域，永膺厥福。』於是吾主暨聖母暨天神聖人咸陟，而善惡之報明，賞罰之事定矣。

第三篇　總論當敬與不當敬及致敬之差等

識天地之有主，識此主之性，識厥降生救世，則亦可以用吾敬矣，則亦可以明攸不足敬矣。恭敬有二，曰自然之敬，曰超性之敬。見王侯而悚畏，逢長老而祗嚴，此自然之敬也。小心翼翼以事主，夙夜寅恪以崇聖，此超性之敬也。超性之敬，分爲三等。上焉者用以敬天地萬物之真主，次焉者用以敬天主降生之聖母，下焉者用以敬天神與聖人。上焉者端肅一心，齋明定慮，欽崇瞻禮，勿敢怠遑，舉天下之物無以尚。蓋以真主自有萬福，至尊貴，無始終，無偶侶，能無窮，慈無量，義無界，聖無涯，善無限，知無疆。不於此竭吾敬，又烏乎竭吾敬？於是盡其神力以向之，飭其儀容以稽之，信之望之愛之。罪於彼求赦焉，禍於彼求免焉，寵於彼求錫焉。則又時時思念曰：此主生天覆我，生地載我，日月炤我，雨露潤我，存我佑我，啓我翼我。如此大恩，何以報之？於是盡其神力以向之，飭其儀容以稽之，信之望之愛之。罪於彼求赦焉，禍於彼求免焉，寵於彼求錫焉。則又時時思念曰：此主生人類之元祖，遞傳於我，賦我靈性於母胎，俾我成人，命天神護守我於終身，則大父母也。造製天地而獨宰之，則大君王也。慢大父不孝，忽大君不忠。不孝爲逆子，不忠爲畔臣。逆子可誅也，畔臣可誅也。於是盡其神力以向之，飭其儀容以稽之，信之望之愛之。罪於彼求赦焉，禍於彼求免焉，寵於彼求錫焉。十字架者，天主救世之具也。故見十字架如見天主，敬十字架如敬天主。而獨不得以敬天主之禮敬聖母，不得以敬天主之禮敬天神聖人。蓋聖母與天神聖人，厥德功雖盛，然咸受造於天主，以受造者而等於造物主，厥褻主殊甚。故敬聖母用中禮，仰厥德，拜厥像，深思此乃世人之主保，滿被上主聖寵，故敬之在天主之下，諸神聖之上。誦《玫瑰十五端》，式懇厥轉祈上主。莫向之而悔罪，莫向之而望寵。蓋以上禮敬聖母則褻天主，以下禮敬聖母則褻聖母。故下禮用之敬神聖，亦思厥德，拜厥像，求厥轉達天主。彼皆大父之孝子，共主之忠臣。我日後升天，咸我兄弟，非我父母，則恭敬之不得不有別於主保之母。外其餘則不足敬矣。

天地不足敬，日月星辰不足敬，山川河嶽不足敬，佛老不足敬，祠廟不足敬。不但不得以天主之禮敬之，亦不得以聖母之禮敬之，亦不得以天神聖人之禮敬之。故曰不足敬也。其不足敬奈何？天在上，而日月星辰繫之；地在下，而山川河嶽附之。皆無靈覺，賤於草木，當謝造者之恩，勿當謝被造之器。若謂厥有覆載炤潤之德，因欲致敬。則人非食不飽，宜敬厥食；非衣不煖，宜敬厥衣；非室不蔽風雨，宜敬厥室；非燭不灼長夜，宜敬厥燭。有人於此，予衣一襲、食一盂、室一所、燭一秉，此人不拜予主，而惟向攸予之衣食燭室而拜之，非瞽則狂。今不恭賜我覆載炤潤之主，而恭覆載炤潤之器，與不拜予主，而拜衣食燭室何以異？故厥罪至大，厥罰孔重。或曰：身雖向天地祈拜，而心實非繫此形像，惟在於主宰可乎？曰：京師之民未見至尊，望宮闕而稽首，及親炙人主矣，尚得復叩殿闕耶？明明有天主之聖容可瞻，何必從事天地？

至若釋迦老君，咸天主所生之人，乃妄自尊大，使人背主奉己，厥罪爲傲。傲者萬惡之宗，有罰無赦。故人雖嚴厥像於寺觀，厥靈魂實在地獄，爲真主之深仇。我輩當視如猛毒，棄絶之，毁滅之，詎容崇敬？或曰：佛氏言明心見性，老氏言修心煉性，德行亦有足取。曰：大本既撥，餘無足觀。心性皆天主攸賦，徒尊大厥心性，而不知從出之原，是以攸受於天主者，執以亢天主也，罪莫甚焉。然能使舉天下信奉者，一則輪回之説，足以鼓惑愚民。不知靈蠢攸别，非關肉體，全繇内性。故人有靈魂，即能具聰明理義，俾靈魂可合於禽獸，則禽獸亦有聰明理義矣。靈有記含，克記憶一生攸爲事，俾我前世原爲某人〔一〕，則必記前世曾行某事矣。即佛書中偶有其事，何以千萬人中，止一二人能記前世事，而此一二人者，亦僅記一二事乎？則爲僧家所偽撰明甚。一則亦以天堂地獄攝嚇人心。不知竺書初入中國時，並無此真確之議，學徒厭其寂寞，有黠者竊取天學禍福之理，淆入其中。今據天竺身毒等處本文，與中國流傳迥異，蓋皆晉世所假託也。且佛老起於周時，自周以前，皆有爲善爲

〔一〕 原爲某人：底本原殘缺，僅可辨『爲』字，據梵蒂岡本補。

惡之人,將寘之何所乎?且何不曰佛堂仙堂,而曰天堂,則非天主司之,而誰司乎?又一則以禳禱之權,誑聳婦女。蓋禳災禱福,世如狂鶩,惟婦女惑之尤深,多爲錫胤祈嗣。不知道家固守元陽,佛氏禁絶婚配,《楞嚴》有銅柱之罰,《盂蘭》有血湖之懺。果如彼説,是錫胤反爲陷人於罪也。安得有所云送子張仙、送子觀音者乎?又一則以募施之餘,賄囑護法。凡菴廟寺觀,無不投靠宰官,歲時稱貢,謂之檀主。下至僕隸,賂獻無遺,軟媚膩人,有同優伎。嘗見世俗號稱名山寶殿,其爲住持提點者,類皆豪猾健訟。或構鬭連年,方得主法。活仙活佛,如此而已。又一則以未覺不知悛,已覺不及悛,而進退失據。蓋樸鈍之夫,安習舊聞,真謂泥木有靈,計不返顧。穎慧之流,或經數十年參煉之力,一旦豁然,已知泥木不足拜,魚肉不足禁。但自念從前參煉勤勞,如蜣丸已成,不忍頓捨。又見世人懵愚,誣罔最易,遂敢自登高座,尊稱仙師法王。因而狂説機鋒,浪誇黄白,從中覓利,遑問後殃。已上畧揭數端,伎倆可見。如此思之,佛老足敬乎,不足敬乎?

或曰:古人之創建祠廟也何義?曰:一者曰報功,一者曰勸後。凡有功德於民者,國王既賞其身,及其死而復立之廟,或祀之於立功之地,或祀之於所産之鄉。使後人見厥像,生讚仰效法之心,所以勸也。豈如今世土神邪像,處處皆有,彼何功德可紀哉？或曰：既有功德於民，則非邪矣。又如忠臣義士、孝子烈婦，如某祠某廟等像，安得比之魔黨，豈皆在地獄乎？曰：倘真正忠義孝烈，純一無僞，出於至誠，則平日必知小心昭事，必潛合天主之誡，自享天福無疆。如或動於名，阻於勢，激於意見，出於偶成，其平日所爲，多未純善，則以其善準其惡，隨其功罪之輕重而差等之，毫釐不爽。但其誠與不誠，純善僞善，惟天主得而知之。我人不必苛求，則取其行事之善者，讚仰之、效法之可也。祭禱何益？況或非立功之地，或非所產之鄉，如楚人之祠伍子胥，吳魏之祠關雲長，豈不悖哉？或曰：神佛諸像，有能發爲靈迹，災人福人者，何故？曰：此等之事，亦絕無而僅見。偶有之，則第二篇所謂邪魔藏伏像內者也。且人尊奉異端，背棄真主，則爲鬼魔之奴，故鬼魔得以顛倒愚弄之。然不在教之人，亦有撤佛像、毁淫祠者，未見害及厥躬。則今之兢兢拜禱，特人心自生疑影，豈彼真能禍福人乎？

曰：然則人之敬其父母祖先也，當如何？曰：草木亦有根芽，鳥獸亦有族類。夫人一本相傳之父祖，自宜慕之痛之，敬之拜之。猶以爲未盡，而以生人之飲食祭之，曰如未亡云爾。非必覬其庇蔭，而後拜之祭之也。古人制設祭祀，咸有深義。曰死者尤當孝敬，況生者乎？死而事之如生，終不能食，可不及時而奉養乎？今之人不務事生而專事鬼，不敬近父而敬遠祖，不盡哀哭殮葬之具，而修僧道薦度之事。是飾耳目焉，飾耳目，僞也。是覬庇蔭焉，覬庇蔭，私也。僞與私，曾有是之孝？

第四篇　詳論恭敬天主之範

準右所論，敬天主以上禮固已。但斯禮分二：一屬有形，一屬無形。肉身之敬，有形而在外；靈性之敬，無形而在內。厥在內者，勿假外儀。天主無質，靈性無象，兩無相際。非拜非跪，非垂非稽，別有默想，潛通玄契。即如天神，體亦無形，厥敬真主，須臾罔間。人之靈性，何不然乎？恭之與畏，義則有別。抱畏蔑恭，邪魔而已。經云：『惡鬼信天主而知懼。』斯言懼無功也。真恭之極，厥目有四：明天主乃最貴罔偶一，此主宜用厥敬二，矢志欽崇三，實秉厥祇翼心四。凡此四者，厥理繫內。居內之範，竭厥神力，默謂天主曰：上主，爾自有無涯之能，無窮之妙，至尊嚴，至巍貴，可愛可威。吾至賤卑，甚愧居爾前，恨不翼飛，隱林冥洞。但爾靡所不貫，無處可離爾明睹。肆敢以吾靈，以我諸力，以我內司之記含、明悟、愛欲，以我外之諸官，畏恭爾，率投爾，矢依爾命，如聖人天神焉。則亦敢借諸物，恭爾之儀，用向於爾。以日月星辰之光，恭敬爾無量之光。以九重天之動，恭敬爾動萬物而不自動之體。以永靜天之美，恭敬爾無形之至美好。以火氣水土之合，敬爾三位，自無始至今，自今至無終之永睦。以飛潛動植，敬爾育生斯類，以養我人之全能。以善人天神愛爾事爾之誠，敬爾佑此人神之全愛，罰彼邪魔惡人不認服爾之全義。以世年日月晝夜之序，敬爾安排時物之全智。以我信德恭敬爾。信爾蔑資，惟恃爾無界之勇，造成天地萬物而存之。信第一位生第二位，第一與第二位發第三位，而皆歸一性。敢以茲信恭爾三一玄微。信第一位惟仗無量之悲，命聖子取人性於聖母至淨之胎而降生，無損厥貞體。敢以茲信恭爾聖父。信爾居人間三十三載，誨人天國微妙，後釘十字架，贖吾人罪，三日復活，四十日升天，篤我復活升天之望。敢以茲信恭爾聖子。信爾於聖母胎，不假人道，行天主合人性之功，亦於吾主升天越十日，降臨而充聖母暨徒以神光，俾克屏醫烝魔烝疾，不學講萬邦之言。敢以茲信恭爾聖神。則又以望德恭敬爾。望爾佑我本性光，弗克顛迷爾訓。望爾恕我往失，賜我死陟天，永膺多福。望爾誕啓茲邦心目，俾克認爾爲真宰，隳撤邪魔惡人猛像，悉猶西方俗。則又敢以愛德恭敬爾。愛爾捨身救人，掖升己國。愛爾萬物之上，恒想爲爾委命，用酢爾洪庥。則又敢以謙德恭敬爾。知我獨負重罪，勇力聰明，咸自爾出。

則又敢以忍德恭敬爾。人獲罪於爾，爾宥。我今法乃耐，不報無道，用堅爾慈恕我罪哉心。則又敢以潔德縠心恭敬爾。知爾乃衆淨元，惟潔心者，入爾天國，見爾聖容，明爾玄妙。則又敢以孝德恭敬爾。願允率乃誡，爾惟至貴真主，蒸民僉當致孝，守乃賦命。又敬謝爾之造我，緣爾於我母胎，結吾骸，畀吾靈。敬謝爾之存我，緣爾自生迄今，恒扶我命。敬謝爾之義我，俾我入爾真教，式爾聖寵諸德潤我靈。敬謝爾之榮我，錫予既死升享爾榮之望。嗚乎！吾幼而壯，壯而老，未於爾是認，未於爾致愛事。乃向惡魔拜祇厥像，崇信奸邪，不允爾教，罪也何如？惟殫心將敬，深悛前慝。懇祈爾哀我赦我、啓我翼我，矢志永乃愛、永乃事、永乃欽。亦祈爾勿離我心，加我神力，用克物欲，勝仇魔。又懇求爾開我翳，無俾我復迷。爾亦憐及有衆，解厥陰蔽，俾認俾敬於爾，身後寧陟天域，永享爾至美好之覩。所謂潛通玄契者如此。

在外之儀，爲儀孔多，今按經典，晰厥大畧。《新經》云：吾主耶穌在十字架上，將終之時，垂首致恭天主第一位而死。吾儕奉主，可傚耶穌垂首之禮。《古經》云：如德亞國人行於曠野，渴弗獲飲，梅瑟、亞郎二聖稽首主前，以祈水澤。主允厥求，命梅瑟擊石。聖人擊石，泉水湧發，人渴沾渥。吾儕奉主，可傚兩聖稽首之禮。《古經》云：大匿耳先知聖人也。在如德亞本國之外，日三向本國聖殿跪敬天主。吾儕奉主，可法彼跪。《新經》云：吾主耶穌向天，謂天主第一位曰：聖父，爾彰爾子之名。又一人志改惡，詣聖殿默禱，俯首不敢仰視，拊厥心，求主赦厥罪。吾儕奉主，或昂首向天，或伏地拊心，咸獲。《古經》云：天主之民拜土神，主將剿滅厥命。聖梅瑟四十日間，不知飲食味，恒拜手於主前。主鑒厥功，宥民罪。吾儕奉主，可以拜手爲禮。《古經》云：達味聖王終日舒臂，思天主之奧義。又吾主耶穌在十字架上，舒臂祈聖父赦人之罪。吾儕奉主，可舒厥臂於主臺前。《新經》云：宗徒若望，主賜伊睹天上之聖人，咸躬盛服以敬天主。蓋盛服於外，表盛德於内。欲敬吾主，當衣盛德之服。若夫古教，又有惡衣之敬。《古經》云：泥溺勿府人，爲不善至極。天主謂若納曰：爾涉海至泥溺勿，迪彼善勿悛。日勿四十，吾竟降災荒滅斯城。若納傳主命，國君聞言大恐，服粗敗衣自責，令國人三日不食，求天主之矜憐。主鑒厥克己，卒延厥邑。吾儕懼災，宜傚彼粗服動主心。《古經》云：天主示達味聖王以降生之事，聖王請人以口親吾主。《新經》云：聖女瑪大肋納，至吾主耶穌，親厥足而無絕，懇主赦厥罪。吾儕奉主，可以口合耶穌聖像暨十字聖架。吾主在世，誨人誦天主經，吾儕奉主，可若主訓誦經。《古經》云：達味聖王在天主前，默禱而哭不止。吾儕獲罪天主，宜悔且哭。蓋罪人之淚，洗人之罪。其他各方舊儀，如中邦之拜揖，西國之免冠,他俗之擊掌等,皆可用以恭敬吾主。要之,恭在内者,貴於在外之敬。蓋内靈之恭,雖不假外,自滿厥功。外恭無内敬,文崇焉而已,貌欽焉而已。形神並飭,乃完厥義。天主亦甚重此恭德,凡聖人有攸祈,必以恭敬將之。昔兩宗徒之母,詣吾主耶穌,先致敬,乃祈曰:主賜我二子於爾京師,坐於爾左右。此女繫耶穌聖母之戚,未致厥敬,不敢達所求於主。又吾主在世時,一貴族女病死,厥父趨奔主前,拜手稽首懇曰:主,吾女今終矣。願主臨吾家,俾復活。吾主允若求,至則命彼復活,女如命生矣。舉家僉信耶穌爲天主子,乃罔不美天主之全能。吾儕欲獲主惠,曷其勿依敬德?

第五篇　詳論恭敬耶穌之範

耶穌有天主性與人之性,緣是可用恭天主之禮以敬耶穌。吾主居世之時,謂厥徒曰:人宜敬我,若尊我聖父焉。蓋耶穌爲天主父真子第二之位,雖居聖母之胎,合於人性而降生,然不變天主無窮之妙。其降生時,乃天主子取人之靈魂,及人之肉軀,與己之位相合,如吾人身魂相合焉。非天主變人之性,或人變天主之性也。

蓋主降生，雖取人之真性，不取人性之界限。故吾主耶穌含二性而不含二位，厥位非繫於人，實屬主性中之第二焉。然則以敬天主三位之禮，用敬吾耶穌，誰曰不宜？或曰：論耶穌是天主，敬用上禮可矣。若止言乃人性，焉得等敬於天主焉？曰：人性本自有限，然既合於天主第二位，則即可以天主之敬敬之。譬如敬帝王者，並敬厥衣。吾主降生爲人，衣人之性，故聖奥吾斯定曰：吾恭吾主之體若靈，因合於天主故。則敬耶穌禮從上等明矣。蓋致敬耶穌，不可分乃人性於主之第二位。特厥敬之之意，則必先向天主之位，而後向吾主之人性。昔耶穌已降生十有三日，外邦之三王來朝，至如德亞國白冷府，一見耶穌，即敬奉之爲天主焉。蓋緣上主默示之，使知耶穌雖幼嬰，實函天主之性。故三王之致恭也，一用上等之禮。雖厥意先趨天主第二之位，但攸行之敬儀，則允向吾主之人性。即如敬聖人者，亦先向聖人之靈。緣厥盛德不在厥身，惟繫厥靈。蓋德靡形罔象，則依於無形象之靈魂，而不依於有形象之肉體。然因肉體與靈性相締結，故敬厥靈，即及厥靈所切合之體。則以敬恭天主三位之上禮，施諸主所合於人性之耶穌，正亦如是。或問：耶穌之得敬以天主者，緣彼人性合天主之位，亦緣敬之者不分視人之性於二之位。若吾敬之之心，止向耶穌之人性，而不向耶穌之天主性，厥恭允若何？曰：宜用中禮。蓋耶穌身靈，雖迥絕萬古之聖人，然終不越受造者之界。則厥分量有限，安得以施於造物主者，而加諸受造有限之人性？·夫論耶穌靈身，本無時或離天主第二之位。但因致恭者之思向，惟注彼人性之美好，未及天主二位之至義。則我茲刻之敬耶穌，作身靈觀，不作真主觀，故禮但宜中等。蓋吾主人性之美好，在天主本性至美好之下，而在天神聖人美好之上。故上之不可與天主同，下之亦不可與聖神等，惟用中禮，爲獲厥宜。右篇攸論以上恭恭至尊貴無始終真主，以下恭恭在天享福樂神聖，以中恭恭異美殊好極德盛榮人。天主之二位遺乃人性，而吾主耶穌止具身靈，亦竟有非嘗之德荣美好，敬之允在上下間矣。

於是跪聖像前，殫聚吾靈，赴如德亞吾主攸降之方。厥神先馳至納撒肋，恍見天主聖父，遣天神報聖母以將降生之好音。恍見第三位作成身靈，合於天主第二之位，而成吾主耶穌。耶穌既成，即覩天主之至美好，乃矢志率循聖父命，甘領將來攸受多苦難，獻厥無窮功於聖父前，式贖往現來人罪。亦睹天主攸定升天人，祈聖父之祐伊。我爰致我敬，爰信未賴吾主功，勿克永陟天域，乃祗乃謝主來贖。亦恍見九月後，聖母暨聖童身若瑟劄白冷郭外草舍，夜子半，吾主誕生，無損聖母貞體，誕射天光於四方。諸天神朝爾，我因信爾乃諸天神之上主。本邦牧童拜爾，我因信爾以爾聖體血藏寓餅酒，用養教士靈魂，如牧童之牧羊，至捨厥命。我爲三王自遠邦朝爾，因信爾允萬王之上帝，祈爾允我隨爾。我爲一天神謂聖若瑟曰：邦君將殺耶穌，速避之厄日多。爾乃離本國，非畏國主，惟領服天神命報，致孝敬爰聖父，期遵行厥旨。且俾世人仰法，學習克己。肆因恭敬拜爾，望爾賜我克欲洪力，允馴君長父母命。我爲吾主暨聖母若瑟出途行間，飛鳥巧歌不息，木曲垂枝布葉。肆因舒手抱奉爾，祈加我勇，式伏我傲倨，俾我遜心謝爾，時賜湛惠。嗚呼！鳥木無知，尚識恭爾，人類有識，反時棄爾。迷哉哀哉！我爲吾主入彼邦，土神惡像咸忽隳裂，因敬信爾雖嬰兒，亶爲萬物真主。我爲爾七載居此國，足涉處遂聖彼方。厥後遯世者盈野，聖賢牣國。今因敬爾聖足，祈爾遊我心山，式發德囿。我爲爾居厄日多，亦越七載。天神報若瑟以惡王之死音，伻歸本鄉。厥邦幼稚，不忍離爾，交哭不止。厥女欲依聖母來，厥人求若瑟留彼邦。今因求爾永不離我，恒居我心，俾我時思時奉爾。我爲聖若瑟攻木，惟爾助之營厥室，我因拜恭爾，信爾允造天地之精匠。又見爾與聖母言天國精微，爰及未來，談間射光四表，式悅聖母。我雖大罪人，敢踵聖母拜恭爾。蓋知爾韜肉身攸宜發之美光，俾可爲我輩受難死。主亦越十二歲詣聖殿，坐學士間，用釋聖經奧義。衆咸愕爾學博，伊胡人，胡稚靡所不通。今因拜敬爾，信爾全知，勿緣學習，惟天主性慧。自兹迄三十歲，居家孝敬乃聖母暨聖若瑟，立孝德表式世。今敬拜爾，求爾祐我愛斯孝德，用致孝於爾大父，緣及於君親。嗚呼！世於德如銖焉，於財如鎰焉。爾居世乃終窶且貧，用示我積貨之府辜，集德斯貽祐。今因求爾，俾我絶經營於世財，用悉厥心猷天物。又恭敬爾聖服，爲聖母攸織，爾躬攸被，恒盛勿斁蠹。今因求爾錫我絍盛德爲衣，惟日其新，底死不壞。今我聚我神靈，默想爾攸言攸爲奇蹟，灼見爾居曠野，四十日不親飲食，後天神具供進享。肆恭敬拜求爾，賜我嗜慕天味，勿湎世羶，恪守教中四旬之齋，期式克勝余饕欲。吾主率宗徒渡海，狂風擊浪，舟將覆。宗徒號曰：主扶救我。主命風風止，命浪浪息。肆我敢與宗徒敬恭爾，祈爾免我陷於今世之猛海。吾主步海近徒舟，聖伯多禄躍入並主行，走水若履平地。伯多禄見波濤洶湧，轉生疑畏，即抵溺。主亟持曰：汝曷其疑？今我敬拜爾，求爾篤我信，俾不疑爾全能全智全善。吾主命瞽者視，聾者聆，跛者履，癩者淨。肆敬求爾藥我心瘨，洪開我靈目，盱視宇宙，信厥中之製造主；誕啓我靈耳，俾克聆攸敷聖教微奥；洗我污心罪癩，加我勇力，疾趨天域曠武。主以五饅二魚飫五千餘人，肆恭敬拜爾，謝爾育生五穀，殷殷陳陳，用飼餉飽我衆人。吾主並三徒至山中，忽發光，古聖二在左右，三徒驚絶。空中聖父曰：耶穌允余真子。

吾主，爾父既曰爾乃厥子，雖世迷，我不敢不信爾，用拜恭爾。我見吾主遏屏邪魔，因敬求爾抑鬼魔之誘我心。見爾命死者越四日復活，又寡婦將埋厥子，主近棺命起即起。伯多禄之妻之母病熱，迎主至家命之痊，聞命愈。肆予敬拜爾，信爾乃生死之主，望爾助我齡，俾德滿乃陟。我嘗向人曰：耶穌允爲天地神人萬物之真主，凡厥奇蹟，繇厥全能。有衆勿信，厥凶禍在後。知爾有無窮憫悲，求爾誕啓厥心，伻信爾，伻望爾，伻愛爾萬物之上，且愛人猶己。吾主敷教三年，累告厥徒以受苦難。一夜，並厥徒在囿中默思，惡黨至，行近主，一徒揮劍砍一人耳。主曰：我詎不克禱我聖父，俾命千億天神護我？我之不避，惟聖父欲我受苦贖人罪。乃合其耳如初，謂惡黨曰：覓誰？曰：拘耶穌。曰：我是哉。惡黨聆音即仆地，若是者三。我恭敬拜爾，悔悛往慝，矢志不復獲罪爾。惡黨執送主於司臬，司臬審知罔辜，勿敢害。緣迫於嚇誘，不得已用定厥罪。惡党釘之於十字架，並釘二盜於左右。於呼！以至聖至善至貴之主，乃被以僭誕之偽名，受生賊授生，慝哉，奇慝哉！今我於此衆前敬拜爾，口親爾聖血五傷，信茲寶血出，洗我等罪。嗚呼！日月相望，胡失其光？地行甚靜，胡乃震動？萬物無知，咸悲爾傷。災異迭見，人乃悔悟，拊胸曰：耶穌洵天主子哉！我恭敬拜爾，信爾真主不克死，爲亦真人肆屬死。亦越十二刻，主靈離厥身，至古聖所，三日處彼，古聖見吾主聖魂合於天主二之位。肆我敢與古聖敬恭爾靈在古聖所。爾聖軀在墓，越三日復活，天神開窀，地復震動。我今與聖母暨徒拜恭爾，篤信爾復活，屢現屢交爰爾徒，乃最一復活永生無死之表。越四十日亭午，爰聖母聖徒宗徒前，定免元本二罪之禮，舉足漸升迄空，祥雲降護，人不復見。二天神諭衆曰：今爾何望？今升天之耶穌，日後降臨，審判萬人。爾其歸家，俟天主第三位之臨格。吾主透諸天，勿破厥體，坐於聖父右。我恭敬拜爾，以口合石，攸印爾聖足踪，祈爾攝帶我心，俾恒思爾，恒惟天國美好，不務世物。我敢馳神致敬於聖父前，與諸天神聖人敬拜爾，求爾佑我顧我。

第六篇　詳論恭敬十字架之範

吾人因元祖之罪，奴於鬼魔，我主耶穌，厥心孔悲，欲代人受苦，以贖厥罪，故甘被惡黨釘死。主既服厥十字架，則復戰勝仇魔，故魔鬼極畏之。凡在教人，以之爲驅逐惡鬼之利器。聖契所斯督謂教士曰：欲勝邪魔，畫十字於額而已。聖泥厄羅曰：邪魔恒謀害人靈性，吾人時時處處，宜秉誠畫十字，以絕厥謀。昔有士夜宿野廟，見群魔會聚，最後巨魔露際拂兒至，考群魔功狀，各獻言某誘人行僞善事，某誘人行真惡事。士方戰慄屏息，忽聞巨魔曰：此間有人，速執戮之。士惶迫無計，夙聞十字架神能，向魔畫之。魔弗敢近，曰：我輩無力滅此人，若習十字，誰能害之？士乃感信，越日詣主堂，領洗入教。又一從教者，凡飲食，每以手畫十字。後驟貧，計窘求死，覓巫者置毒，畫十字，服之不死，更加服之又不死。巫亦自怪，究厥故，知十字神能。巫感服聖教，投宗徒若望之門。若望知之，召貧士令采野草一束，畫十字，命變爲黃金，曰：以此贍汝。又一聖人，寓武士之家，武士子瞽，聖人畫十字目上，復明如初。又道旁一小兒被蛇螫死，教士過之，自念曰：素所從天主聖教，於此可驗神能。遂祝曰：吾惟依天主耶穌十字聖號，命兒復活。又指蛇曰：爾宜償罪。言畢，蛇死兒活。其他十字靈跡，不可殫紀，誰曰聖架不足敬乎？

或曰：吾主所被釘之十字架，既合於吾主聖軀，聖血灑潤厥質，敬之如吾主無疑矣。若今人所爲，何宜致敬乎？曰：十字架本非有可敬之義，其敬之者，皆緣吾主而起，則敬十字之禮即敬吾主之禮。昔耶穌親被十字，今在意大里亞國羅瑪府中，凡從教者欽之若主。蓋厥意原向耶穌，而因思耶穌受苦之器，與主躬綈合無間，則一視之而已。至若今人所造之架，雖未親被耶穌之聖體，然乃吾主之像也。一見此像，恍見吾主受難光景。則雖今人所爲，與主躬親被者無以異。然惟十字全體，斯肖主受難，截厥一分，便不相符，不屬可敬。若羅瑪府中原架，受聖血灑潤，則雖或厥全體，或厥各分，皆可敬也。或曰：聖母亦合於吾主之躬，然不以天主之禮敬聖母，則十字架雖合於吾主，不宜並以天主之禮。曰：否。聖母自負足敬之善，故不宜等敬天主，恐擬聖母於主也。十字之敬，全繫於主，則敬主敬架，原歸一物，又烏得比倫哉？

於是向十字架而默囑曰：聖十字，我敬拜爾，爾乃神生之樹。我被元祖罪以永死，惟爾畀我生。爾乃洪水之舟，免人覆溺。爾乃達味聖王斬長人首之利劍，爾乃聖梅瑟開紅海之杖。爾乃聖梅瑟所豎之銅龍，用醫諸人蛇毒傷害。爾乃聖木，浸於苦水，即變爲飴，以救古教人之渴。今祈爾護我嘗死，輔我行天國路，渡此惡世猛海，加我勇，式割倨傲心，絕諸惡首，藥我内外疾，遭世艱難慰我心，俾思天國樂。又恭敬拜爾，舉口親爾，思吾主釘於爾，用乃聖身聖血義爾，乃賦以最神能。嗚呼！吾主勝仇鬼，爾惟作劍；我逐邪魔，爾作干戈；敵魔猛力，爾作鎧甲。畫乃額，畫乃口，畫乃胸，式絕非理思，式禁非理言，式遏非理行。用抑人欲，避害災凶禍，爾乃階以上吉福。爾乃天門之鑰，假蔑爾，罔克啓升天戶，罔克入天上無疆福囿。爾乃寶座，依吾主榮寵，式伏鬼魔，世俗肉軀。肆余敬拜爾，貴爾爲天域殊貝，永不離爾，或苦或樂，卒率爾爲我諸攸發想的。敢抱趨爾，用不畏邪魔惡人謀誘。

第七篇　詳論恭敬聖母之範

聖母者，天主降生爲人所受孕之母。如德亞國有王裔名若亞敬，妻曰亞納。夫婦幼習正教，密於躬修。天主賜之生一淑女，名瑪利亞，從母腹遂備聖德，勿染元罪。蓋人自魂魄交合時，咸染始祖之污，所謂元罪也。一帶此罪，則性稟劣弱，就諸惡易，修厥德難。獨瑪利亞豫蒙天主寵祐，而免此元罪之染，始胎即涵盛德，故形神之潔，特越諸天神衆聖人。誕生於納撒肋郡，非惟厥父母慶，厥樂實普達於大地。上主恒錫異寵，每遣天神臨格，密爲啓牖，德功日益精純。瑪利亞十有五歲，天主將降生，先遣一天神朝報之。瑪利亞當是時，默思三位一體之奥義，而凝心祈天主救世。忽見天神來讚，瑪利亞既驚既疑。天神復曰：瑪利亞毋畏，幸滿被聖寵，上主將借爾胎降生爲人，爾旨若何？瑪利亞曰：吾幼矢志守貞，永避人道，可奈何？天神曰：降孕非緣人工，獨繇天主全能耳。主既選爾爲母，自克庇爾，勿損爾貞，厥名曰耶穌。瑪利亞允天神言，天主取厥心淨血，造成小身，即賦之靈性。乃天主第二位，接合之於己。既彌九月，值冬至後三日，瑪利亞寓白泠府，深夜之間，勿苦勿拆，勿損厥貞，遂誕聖子。聖母先拜聖子，天主第一位，命諸天神咸致拜。蓋耶穌爲天地萬物之主，則聖母乃諸神聖之后。聖母心心事耶穌，而法其精德。暨耶穌已三十載，於本國四方，周流宣教。復三年餘，爲贖吾人之罪，被惡人釘十字架上而死。聖母偕宗徒治墓事，越三日，吾主自墓中復活，來晤聖母，仍居世四十日，然後升天。宗徒遵主命，遍歷萬國，敷揚聖教，唯聖若望隨聖母留如德亞國。聖母六十三歲，主遣天神報以升天好音。時宗徒散處四方，頃刻間主咸攜至聖母前，聖母慰之而死，天主耶穌暨諸神聖來迎厥靈。宗徒治葬事，瘞三日，墓上聞美樂音，皆讚美聖母之詞也。又三日，聖母靈性復入墓，合本身，乃復活，光美莫名。天神聖人迓之陟天，吾主定之坐於厥右，厥位峻絕，攸享福樂，遠過神聖。故吾儕奉敬聖母，當在天主之下，在諸神聖之上，惟中禮爲宜矣。譬之國王太后，咸宜致敬盡禮。而敬之之儀，上不與帝王同，嫌二君也；下不與大臣並，崇國母也。且聖母在世，助贖我人之罪，在天爲我人之主保，恒祈天主勉我失，加我功，終升天國。詎容不悉心祇服乎？故凡拜揖稽首之儀，皆可用以敬聖母，或跪而誦聖母之經，無不可，然不可向聖母拊心求赦。蓋赦罪之權，操於天主，聖母不得參。故不宜求聖母赦我罪，但求之代懇上主，俾我痛悔，因賜宥赦，則上主無不允厥求。緣聖母爲罪人之主母，恒抱哀矜之心，吾儕凡遇三讎之誘感，百物之艱難凶惡，皆可求聖母慈佑。奉教諸國，虔恭聖母者，攸獲庇惠，或加其年壽，或俾之復生，或佑其産育，或拯之水火盜賊，或振其貧乏病災，洋溢載籍，不可枚舉。聊述二端：毒身國有一人，病且死，家人勸入聖教。其人僡甚，不克畫十字誦經，但領洗而死，家人殮之。次日昧爽，忽復活，曰：我死，我靈至一異美室，將入戶，遇聖母，詰我曰：爾爲誰？答以在教者。聖母命予畫十字，誦天主等經，我茲不克。聖母曰：汝不克畫，不克誦，則不克享斯福樂。吾方懼甚，憂入永獄，幸聖母憐我，教我十字，指我誦經，然後命二天神引我歸家。繇此復活，意將待吾成功而升天乎？又泰西一賢士，路經盜巢，其黨孽數人，將要而殺之。賢士曰：我有密事告爾主人。孽不敢害，偕賢士歸見盜渠，渠及群黨咸集。賢士謂一控馬黑人曰：我代天主命汝自供狀。黑人曰：我爲鬼魔，居茲事茲人，日圖害。但緣厥日日虔誦聖母經，其本性未失，有悛改之機，上主不允害，已閱十二年。俟彼一日忘誦，乃肆害引入冥獄。言畢，室大震，黑人忽失。衆懼愕甚，矢志悛改，絕財意名，以寇巢爲默道室。益恭聖母，精德神功，日新月盛，後爲聖賢，靈登天國。嗚呼！欲沐聖母祐者，尚其敬祈哉！

於是拜手稽首於聖母前，曰：爾美雲帶腹，歷九月，造日月星辰之超性美，曰耶穌，我甚忻。未有天地之先，天主選爾爲聖子母。既有天地，亦越五千一百九十九祀，生於爾潔貞胎。爾惟無刺荼蘼一花，元本二罪刺勿逮爾靈。爾乃爾祖達味王之拒臺，爾以乃足剖幽獄之龍，爾乃渡海者攸向之星。爾胎作寶座，式住天地大君。爾允爲天國之途，天堂之門。爾乃美樹，生寶飴若蜜。爾吉福越衆女。爾位爾功，爾德榮樂，超諸神聖，允爲乃后。爾作衆童貞寶鏡。爾母胎時，矢志永童貞。爾居世二見天主至美好，母胎時一，耶穌誕降時一。爾乃美源，發嘗生水。爾乃聖若望攸見天上女，戴冕十二星，日光爲厥衣，月體爲厥履。乃德行種種，爲爾首美冕，緣爾盛德美若星。仁愛爲爾攸服服，緣爾仁愛光爰日。潔貞爲爾足攸被履，緣爾潔貞迥越月。嗚呼！月尚有玷，爾復何玷哉！我今恭拜爾爲上主母，爲天地神人萬物后。又爾乃罪人慈母，普天之下齊讚羨爾。疾病者，災難者，貧窶者，無嗣者，憂苦者，罔不呼爾，爾罔不應。爾向天主祈錫人祐，乃庇乃保。況我積辜負大慝，爾爲余祈益殫乃力。假爾棄我，我其何依？肆懇爾炤我行天路，莫俾邪魔迷我心，陷厥羅。俾天主赦我罪，加我勇，用法爾德，死後陟天，永膺多福。

第八篇　詳論恭敬天神之範

天主最始化成天神，厥數罔算，厥品惟九，厥體無形，貴踰人類。聰明不待推格，而明晣萬物之所以然。疾速不待反掌，而周旋於上天下地。天神十之七明厥美好，從天主出，敬服愛畏，而承享福報。厥本所在天堂，即離厥所，而無時無處不見天主之妙性，即時處享厥榮樂。論天神職司，凡九重天，各重有一天神運動之。一國一郡一邑，每處有一天神護守之。飛潛動植諸類，每種有一天神護守之。惟人類則每人有一護守天神，自人出胎而護守，逮人氣絶而歸天。但護守此人之天神，此人死，不復另守彼人。獨帝王、教皇及主教者，則有兩天神在其左右。天與水火土氣並無神守，蓋頑冥不壞之體，不須護持也。護守天神避人乎邪魔之網，迪人爲善，俾信真主聖教，而不爲異端攸惑。凡人立功，爲之轉獻於天主，祈天主豁厥心目，以識無窮之秘奥，遵守厥誡。凡此諸神，人咸蒙澤，不知敬愛，是謂背恩。天神三之一，見己美好，不思恩繇主出，發倨傲心，欲匹天主而奪乃權，天主罰降地獄。被罰諸神，永絶升天享福之望，故外憂内苦並劇，怨恨天主。而天主無可得加，則惡天主攸愛之人類，而圖害之。故罰惡本所雖在地獄，天主亦許其遊行世上，以試誘人心。但雖在世間，無時不帶地獄之苦，即今稱魔鬼是也。魔鬼惟務陷人於罪，故夙夜誘惑人心，俾忘真主，奉仙佛，信邪教，方天主十誡，令死後入冥獄，以助己之黨。故魔鬼寔吾人之猛仇，恒宜痛惡。惜哉，世人以仇爲恩，不恭天神，而敬惡鬼如真主焉。爇炬刑牲，惟彼是向，施福免禍，惟彼是求。罪尚有大於此者乎？然天神施德於人甚厚，乃敬之者不得用上禮中禮，而惟取下等，何也？蓋天神雖有盛德，實在天主及聖母下。施之以上禮，是以受造者爲造物主；施之以中禮，是以主臣爲主母。謬之甚，罪之甚。或曰：人類與天神較，則天神勝，故天神本性超於聖母之性，敬之何獨用下禮？曰：譬如一女於此，族本微賤，不敢與公卿比。一旦王者選立爲后，即越諸貴戚大臣而居其上。聖母雖人類，天主既選之爲母，則位在天神之上，又安得一視而施乃敬耶？或曰：天神無形，敬之者亦唯以己之性接於天神之性。若彼邪魔，雖獲罪天主，失超性之德，而未失本性之美好。則但向此本性尊美，致我愛敬，亦何不可？曰：不可。彼乃我之深仇，亦天主之深仇。吾儕爲真主之愛子忠臣，則當心真主之心，而疾深仇。故一切寺廟諸像，皆不宜拜，皆鬼魔之窟宅故。是以各方郡邑，咸宜有護守天神之堂，以奉祀天神，而天神亦必助掖我輩。昔有惡王欲據如德亞國，具器來攻。國人無計禦之，惟秉心祈天主施救。主命一神守之，一夜殺惡王之衆十八萬，遂解圍〔一〕遁去。若中華以奉敬土鬼者，奉敬守國之天神，何畏黠虜劇盜哉？

爾乃敬拜九品天神，默祈曰：惟爾有神，允天國之居者，天帝之宰臣，斡九天，守萬物，護生人。肆恭拜第九品天神，惟爾有神，用愛顯厥號，祈爾以天火烈我心，俾我愛天主萬有之上，且愛人猶己。肆恭拜第八品天神，惟爾有神，用高明顯厥貴，求爾開炤我明悟，俾達天學微玅，明徹異教之僞言。恭拜第七品天神者，惟爾有神，重天帝美座，祈爾庇我雕飭心内，俾爲天帝攸樂居所。恭拜第六品天神者，天帝賜爾天下萬邦之治權，求爾殫力救斯邦盜餒厄害。恭拜第五品天神者，天主使爾行聖蹟奇異，祈爾行大聖跡於兹邦，俾從邪人豁厥心目，克視天教真義，信死後善惡允賞罰。恭拜第四品天神者，爾職屏邪魔，求爾壓挫惡鬼力，罔爲人身神永害，罄心悉猷災我人。恭拜第三品天神者，宇宙各邦君王祈爾引掖，俾以仁治民，以義正民，踐履大道，屏遠邪教，望天主降百祥，享平無畏敵仇。第二品天神，我恭敬拜爾，爾守教

〔一〕圍：疑當作「圍」。

中教皇司教傳教者，求爾翼輔，爲教中之善牧。第一品天神，我恭敬拜爾，爾乃天主聖使，爰古今世，自天降慰聖人。爾爲天主攸命護含靈，求爾累下，啓迪我人。尊神七，永居上主左右，如其議臣。祈爾代懇佑我，恕我罪。總領天神，我恭敬拜爾。爾最始抑勝首魔，司上古性教之民，亦司中古書教之民，今則司新教之民。人死挈厥靈於主臺前，主既判，爾命或升或墮，式受善惡允報。求爾輔我勝仇魔，死後免下幽國，並爾享洪永樂福。守余天神者，我敬拜感謝爾，自生迄今，自今迄死，受爾護我之惠。日月出而入，入而出，遞轉無息。爾恒務守我，我寐而保，我寤而翼。吾諼爾，爾不斁我。我則食，我則樂，惟爾以護我爲爾食爾樂。嗚呼！若兹大恩罔極，我惟秉心致敬爾。

第九篇　詳論恭敬聖人之範

升天聖人，厥數罔算，分爲九等。一教中古祖，一先知者，一吾主耶穌宗徒聖徒，一受洗無罪孩童，一爲主致命者，一修道者，一明晰天學奥義博士，一隱修者，一童貞男女暨守節婦。皆在世躬膺大德，固信熱望極愛於主。三本既植，億美咸集，動靜言行，僉足世臬。既死靈魂陟天，見真主罔際妙性，享萬榮福樂，爲上主寵臣義子。故効吾恭敬，厥故有二：一緣厥負盛德，爲世儀刑；一因彼在天上，恒依主前，爲吾人主保。惜哉，群庶崇欽仙釋，祇奉前代惡儔，不知生民辜慝，莫大於背忘真主。雖有他善，本實既撥，僉成敗器。今祠廟間所稱英雄者，將相者，文人才子者，曩彼居世，或頗有名望氣概。然若生前未知認主，罪案已定。今有人應事接物，皆極周詳，交處朋儕，稱其賢智。而獨不認父母，不聽父母之命，是尚有他善可稱耶？故其人已死，靈魂悉入冥獄，爲天帝仇民。我輩顧奉之如聖人，豈不謬哉？疑者曰：聖人位置在天，吾儕效敬，彼亦何知？曰：主性若鑑，聖者獲睹主性，世事洞炤，有如稽面。故勿謂無知，彼將鑒汝，勿謂無覺，彼將察汝。敬之敬之，靈惟顯斯。顧何以知斯人在天，而以聖敬之耶？所稱聖人有二：一謂古聖，生於主降生前者是；一謂新聖，生於主降生後者是。降生前之聖，厥名載於《古經》，《古經》爲天主所親傳，則聖品亦天主所自定。若降生以後諸聖人，則皆教宗定也。昔吾主耶穌升天時，命宗徒伯多禄俾代己位，總司教事。伯多禄死，嗣位者世世不絕，雖國君亦聽命焉。故教宗所居之位，即天主之位，而所定教中之聖，亦代天主定之。非彼之智識能不謬，緣其代主秉鐸，則上主默啓之，自不容差謬耳。然登一人於聖籍，甚非易事。先命主教詳詢是人終身所行，果自幼迄死，習修德克己，精勤靡懈乎？果上主鑒厥鴻功，錫畀異寵，昭然靈跡乎？果能免人於病危，起人於既死乎？諮訪既悉，然後稱之以聖，定之升天。雖有奇修盛烈，赫人耳目，而未經教宗品定，則不得以聖人事之。若既定爲聖者，便當誠信不疑，肅將我敬。而敬之之儀，正與天神埒，不可用天主及聖母之禮。蓋天主居最上，聖母在中，神聖處下而同等。故有齋恪之心，而無赦宥之望。或曰：教宗之定聖品也，於義何居？曰：厥義有二。一欲人法彼盛德，而矢志爲聖人；一欲人知在天聖士之名，而懇厥轉祈天主。故進教之士，借彼名爲己號，謂之本名主保聖人，非佛教法名受記之比也。或曰：教宗未入之聖籍，其人亦有升天者乎？曰：升天者孔庶，其經品入者，不過千萬之一二耳。但欲奉敬崇事，非此不可。凡我教衆，恭敬聖人，攸獲惠庇，匆克僉述，聊舉二端，用資靈符。昔大西與回回互戰，彼衆我寡，力不相敵。大西人求主保聖雅歌伯保助。聖人假人形，披白衣，跨駿馬，橫槊馳驅，擊死敵兵無算，回回潰散奔走。又數載前，意大里亞國方建聖堂，有會士名瑪載羅，適過堂前，匠遺斧碎厥首，氣奄奄絕，扶之歸家，對方濟各聖像而臥。此方濟各者，即最先來中邦第一敷教者也。有頃，士困中，見聖人手指其頭，大語曰：我代主來痊汝，汝應矢爲主敷教之日本乃可。士允聖人言，向聖人以聖櫝拂厥首，首碎復合，即愈如平人，遂之日本。惡徒執之，利刃三越頸弗斷，驚欲釋。士曰：吾甘爲主委命。乃斷頸死。僉知其靈陟天。故欲得聖人之祐者，舍敬無繇哉。

敬之若何？稽首而默道曰：聖人聖女，爾居主前，膺多祐，先登於岸，反乃本鄉，安處天國貴寶殿，禍災疾憂罔畏。爾心居萬樂叢，爾幸我不能口出。肆百拜爾，祈爾爲我主保，懇吾主之閔予，以佑以炤，加我力，俾信俾望俾愛，死後登天，並爾享福。又敬祈爾佑我法爾盛德，學爾克己默道，勝欲絕色，背惡向善，重德輶財，貴靈魂，賤軀肉。又恭拜爾所遺身骸，天以爾靈用美富，地以爾身爲厥潤澤，寶重遠勝金貝。大哉主悲！聖人死，厥靈在天，遺厥身於地爲質。天地猶二邦，此邦致質於彼邦，乃不可攻伐。世人恒獲罪天主，方乃十誡，主爲聖軀免厥刑。假蔑茲，世且久窮盡。古某王攻一城，入門將焚之，記城中有先學士之像，乃禁焚。彼世王爲攸愛人像，不敢滅敵府。矧主爲所愛多聖之身，詎靳恕人罪？西方諸邦聖人之棺，飾金玉珠貝，恭之若生，日蒙聖人之多惠。我今仰天，恭拜天堂諸聖靈魂，又向西方，敬拜諸聖之身骸，祈爾永我主保，誕降百福。

第十篇　論恭敬聖像之範

天主本無形像，故古教時不設像，至降生爲人後，乃有遺容可瞻。昔耶穌居世，印己像遺厄得撒國王，奉主像自王始。爲像故屢免火災，鄰邦聞風，亦繪聖母像崇祀焉。又吾主受難，負十字架行，有賢女趨至主前，持帕拭主面，聖容印於帕上，今帕尚存羅瑪府。及主死，宗徒以白布斂之，布有死像，此布今存撒玻訝國。又一婦久疾，赴耶穌祈救。是時從者圍繞主躬甚衆，婦在稠人中，強力近前，畧拭主衣，病即已。婦歸，以銅範主像事之。像底生草，及像衣裾即止。後人取草救疾皆愈。又泥各得目宗徒，繪吾主被釘之像，教士奉之。邪黨以鎗刺像，像流血。或以血漬瞽目，瞽者復明。又泰西王向崇邪術，後病癩不可療。醫曰：取嬰兒血滿甕，浸潤其中則愈，否且死。王曰：安忍以數十百命，而易台一人之生？以是愈疾，不如死也。戒勿殺。夜抵半，天主遣兩聖諭曰：爾勿忍嬰兒，我亦哀爾。爾可至某所迎教皇，訓爾教中奧義。幸獲領洗，不啻爾靈受盛德之美，爾身亦全瘳，若始生孩。言畢不見。昧爽，王使迎教皇。教皇至，晰主義蘊。王大悅，受聖水，疾頓愈。自此真教大行，邪習衰落。王見宗徒伯多禄、葆禄之像，訝曰：此兩聖人像，即前發現於我者。乃於羅瑪建大殿，奉二像於中。又於各方建天主聖母天神聖人之殿，並縣像焉。故恭敬聖像之儀，自昔多有。今分言其等，則吾主耶穌之像，宜用上禮。繪畫所成，初非有善足敬，但敬之者全向吾主，全繫吾主，故像與主是一非二，則敬像與敬主亦是一非二。或云：吾主不在像中，而加敬奉，如拜王於此，而王顧在彼，豈不謬乎？曰：吾主雖不在像，然像實肖主之形容。主不可見，見主之像即見吾主，則敬主之像即敬吾主。若聖母之聖像，則用中禮，敬像如敬真聖母焉。天神聖人之像，則用下禮，敬像如敬真神聖焉。蓋像原不足敬。致敬云者，固見真於其像也。或曰：耶穌及聖母聖人，本具肉體，故有遺容。天神無形也，厥像何居？曰：神本無像，有時發現於人，借氣成形，事畢隨散。故繪天神者，以少年彰其純粹不衰，以兩羽彰其疾速無礙。雖像事之，不亦可乎？惜哉，兹人不敬可敬之像，而敬不可敬之像，安得不爲真主神聖所棄，而爲邪魔惡鬼所奴役哉？

若夫恭敬聖像之準，則固可得而言矣。跪像之前禱曰：吾主聖像，我敬拜爾。凡恭爾者，固不底績。人子人臣，盡乃父乃君之像，敬致忠孝。爾爲諸人大父共君，余曷敢不恭爾像，用謝爾生我存我弘德。余亦知爾愛我，絕三魔誘。曷敢不式爾像,爲我念攸趨的。曷不銘我心中以爾聖像,俾永思爾美爾澤。今稽首祈爾,誕啓蒸民心目,俾恭爾像,永絕不道僞飾。嗚呼聖母,我今漂流海中,指東流西,指南飄北,昂首瞻星,乃獲處所。我瞻爾像,像惟星。爾懷普誦之子耶穌,惟主其偕耶穌謂爾母,爾亦謂天主父。見爾像如見耶穌像,予曷敢不於爾聖像圖底崇恪?嗚呼天神,爾雖無形,既假人像交乃人,我曷敢不欽將爾攸發像。余允知爾遍周六宇,又允知爾護余左右。然向爾像底我情,祈爾永不忘我,俾人不事邪魔泥木。嗚呼聖人,我見此邦率敬惡輩像,率祈彼賞福遏禍。此邦之人習不知,我則憐厥瞽。肆恭拜爾聖像。我非敢求爾赦余罪,加余祐,免余禍災,我知兹惟繫主全能。我惟敬祈爾,代懇上主,永爲我保。

第十一篇　論恭敬聖物之義

聖物有三:一,吾主耶穌之聖物,若厥攸垂衣;一,聖母之聖物,若厥遺服;一,聖人之聖物,若厥身骸。凡此三類者,皆可敬也。夫吾主聖母聖人之像,未嘗有與於乃躬也,尚加敬焉。況聖物之親被厥體者乎?十字架緣合於吾主聖身,遂敬之如主，則吾主之衣，恒被於乃體者，不當與十字架作兩觀明矣。或曰：衣在聖躬，敬之宜也。聖躬離衣，衣焉足恭？曰：衣雖或合或離於主，而吾敬之之心，則嘗向其合，不向其離。苟向合而不向離，則覲衣即覲主，敬衣即敬主，不分異念。若聖母之物，則奉之如奉聖母。緣物之美好，繇聖母之盛德，故離視之，服則無可敬，合視之，又豈得有異敬乎？聖人之身骸，以奉敬聖人之禮奉之，厥義同右。蓋聖人之肉身，合於盛德之靈魂，則不論相離相切，皆宜一視。且今雖靈身暫離，終焉卒合。故古今之人，咸欽聖人遺骸，而天主亦示人以聖屍之足敬，多行靈跡，詔世趨仰。吾主升天後，有多聖人之尸，存於大西，具大神能，屏邪魔，救病患，免火災。人遇諸苦，至聖身前，祈聖身代達天主。天主欲爲聖身彰靈跡，遂允厥求。有盜殺人，懼露，私葬於聖厄利搜之墓。尸近聖骸，忽復活。又聖母升天之後，納撒肋郡中尚有天神來報之室，邦人每加敬仰，立臺設像，群赴瞻禮。越千二百載，漸忘厥初，慢不加敬。天主許寇入境戕害之。天神擕聖室淩空渡海，置於意大里亞國羅肋鐸郡中，始稱羅肋鐸室。至今數百年，攸行恩績不可勝數。萬種疾苦災祲，一入聖室，應時皆脫。聾則聽，瞽則視，跛則行，痿則伸，喑則言，負魔者則安。故萬民獻奉奇珍異寶，悉聚聖室。有惡寇思來奪之，方涉海，望見聖殿之頂，即若雷擊，驚慄失措，不能移步，遂逃歸。自後遠近寇賊更加警戒，善民更加敬感。教主大興營飾，聖室四旁更建巍殿，彰施錦貝，輝燦巨麗，莫可比京。奉教諸王及諸貴臣，咸感神威，或躬親瞻禮，或代將致賟。嗚呼，聖母之恩，普哉皇哉！

神鬼正紀

高一志撰　肖清和　郭建斌校點

本書係全國優博作者專項資金資助項目『儒家基督徒研究：歷史、思想與文獻』（201201）、上海市曙光人才計畫《畏天愛人：明末清初敬天思想與實踐研究》（17SG40）階段性成果

提要

晚明著名士大夫天主教徒韓霖曾在宣講『聖諭六言』的著作《鐸書》中指出，學者要務『第一須知天帝惟一』，『其次須知神鬼正義』。韓霖特別提醒聽衆及讀者，宋明理學有關神鬼的説法都是錯誤的，有關『神鬼』的正確解釋，要詳細參閲《神鬼正紀》〔一〕。

《神鬼正紀》四卷，由時在韓霖家鄉山西絳州傳教的高一志撰寫。高一志（Alphonse Vagnoni，一五六六——一六四〇），原名王豐肅，一六〇五年入華進入南京傳教。一六一六年南京教案後改名高一志，前往山西傳教，一六四〇年在山西去世。

〔一〕韓霖：《鐸書》，載《徐家匯藏書樓明清天主教文獻》第二册，臺北：方濟出版社，一九九六年，第八五一頁。

高一志在山西經營多年，傳教頗爲成功。其傳教活動受到當地士紳家族的大力支持，如韓霖家族、段袞家族等。《神鬼正紀》的校刻、出版正是受到韓霖、段袞等人的幫助。

高一志傳教的成功除了士大夫支持之外，最重要的因素是其撰寫了大量的中文著作。高一志曾在十年的時間内出版了多達十八種中文著作，參加校對的傳教士、士大夫多達四十二人。這些參與編輯活動的士大夫來自絳州、虞城、杭州、天津、廣平、漢中、定陶、盩厔、松江、上海等不同地方。

高一志的中文著作除了教義教理、聖人傳記之外，主要集中關注倫理道德、西學紹介。高一志爲了迎合晚明士大夫的喜好，在介紹、翻譯倫理道德、西學方面做了大量的工作。高一志稱倫理學爲『義禮之學』，比照儒家道德修養次序，『譯述』了《修身西學》《齊家西學》《西學治平》等著作。高一志試圖告訴士大夫西學中亦有與儒家相提並論的豐富的倫理道德内容。

高一志不僅僅告訴晚明士大夫西學中有與儒家類似的内容，而且還試圖進行類似於『判教』的工作，即對西學(西教)與儒家(本土思想)進行比較、對勘和評鑒，將西學西教對本土思想取而代之。高一志的《神鬼正紀》對此尤爲明顯。

在西學西教進入中國之前，中國本土已有關於神鬼的豐富思想。儒家、佛道教對於神鬼的看法不太一致，但總的來説，儒家尤其是宋明儒家傾向於對神鬼進行理性主義、物質主義的解釋，認爲鬼神是氣的變化，如張載認爲：『鬼神者，二气之良能也。神者，气之伸，阳之动也。鬼者，气之屈，阴之静也。』〔一〕而佛道教尤其是民間佛道教對神鬼的看法則充滿了超自然性和神秘性，具有較爲豐富的想象和描述。

高一志認爲儒家、佛道教有關神鬼的理解都不正確，惟有天主教的解釋最爲合理。高一志認爲神鬼即是天主教所謂的天神（天使），其中『神』指天神，而鬼即墮落的天神即魔鬼。因此，高一志使用天主教的天神論（天使論）重新詮釋神鬼概念，并在《神鬼正紀》中較爲完整而系統的介紹了天主教的天神論。

《神鬼正紀》四卷，現藏于法國國家圖書館、〔二〕梵蒂岡教廷圖書館、〔三〕徐家匯藏

〔一〕胡廣撰：《性理大全書》卷二十四，《欽定四庫全書》子部第七一〇册，臺北：商務印書館，一九八三年，第五二二頁。

〔二〕法國國家圖書館編號 Courant chinois 6860，古絳景教堂藏板。

〔三〕梵蒂岡教廷圖書館藏，有多部編號 Raccolta Generale-Oriente 223、290，Fonds Borgia Chinois 349，古絳景教堂藏板。該書影印版載《梵蒂岡圖書館藏明清中西文化交流史文獻叢刊》第二九册。

書樓〔一〕。此書約于一六三三年刻於絳州，由金彌格、羅雅歌、郭納爵共訂，由值會傅汎際准，段袞、韓霖仝較。《神鬼正紀》共四卷二十六章，分别對神鬼名義、性體、能力等進行論述。高一志《神鬼正紀》是利類思《超性學要》出版之前有關天使論最詳實的著作。按照内容來看，《神鬼正紀》應譯自《神學大全》論天神的部分内容，但在順序、内容上有所調整。高一志《神鬼正紀》所介紹的天神論，對於豐富晚明以來的中國的鬼神思想産生了積極作用。

此次校點以法國國家圖書館所藏版本(BnF Courant chinois 6860)爲底本，對重要術語進行了簡要注釋；但文中出現衆多典故以及名人言論，限於識力，未能一一註明。在録入過程中，學生吳立新、黄娜娜、李竹磬、許懿等提供了諸多協助。責任編輯韓鳳冉先生亦貢獻良多。在此一併申謝。然古籍點校難免出錯，懇請方家不吝賜教。

〔一〕 編號 SH 250 ／ZKW 450(Xu 428)，古絳景教堂藏板。參見Adrian Dudink,『The Chinese Christian Texts in the Zikawei Collection in Shanghai: a Preliminary and Partial List』, in *Sino-Western Cultural Relations Journal* XXXIII(2011): 1－41 該書頁眉有批校痕跡。

神鬼正紀

極西高一志譔著
古絳景教堂藏板

遵教規，凡譯經典諸書必三次看詳，方允付梓，兹並鐫訂閱姓名于後：耶穌會中同學金彌格、羅雅歌、郭納爵共訂，值會傅汎際准

神鬼正紀卷之一

泰西高一志譔　河東段衮韓霖仝較

神鬼性情，次于造物主，宜次造物主而著論焉。先釋其名義，次證其實有，終析其原性，及内外諸情云。

神鬼名義第一章

所謂神鬼者，乃無形無色，有始無終，靈明全體也。無形色者何？微妙，超諸萬有萬像。有始者何？其有有自，非如造物主之無始。無終者何？厥性玄妙而純常，世間無力可滅，無時可老也。靈明者何？貴尊立于諸下品彙之上。全體者何？靈純，別于諸有形器之偏。蓋人雖含靈，然兼肉軀，不可謂靈明全體。若神鬼之性，純粹無形，乃謂之靈明全體耳。繇是而談，凡以神鬼爲陰陽之氣、造化之跡諸説，皆未獲神鬼之正義者也。蓋氣與跡，均滯而不靈，焉能當鬼神之名號？且施靈明之效耶？又知愚俗所云：人亡則靈魂變神變鬼者，非也。蓋人與神鬼二性，既大相懸，安能相變？以致人性無外敵者而自終滅，神鬼性無外造者而自始有。是俱于性天二學矛盾者也。其正義更著于後論。

神鬼實有第二章

慨自人道不明，而神鬼之道始隱矣。蓋人神二學，如表裏相須，而人學爲近。懵于近者，靡不懵于遠者也。是故後學非特疑于神鬼之性情，尚惑于其有無焉。兹提實據數端，以證其有。

一曰：從天地造成以來，聖經屢屢明紀神鬼，奉天主之命，行役、治人、理事。又每述神鬼見著，宣主旨，預驗未來密隱，心中匿情等事，則神鬼實有無疑矣。

二曰：四方萬民，雖不識神鬼之妙性，然感其所覩所聞之靈驗，無不篤信而敬之、畏之也。萬民之心，亘古至今不期而合。豈偶然乎？請詳其驗。自古性學名儒，稽形天之動，推知必有無形之靈者，潛爲運動。蓋形天諸重，本自不靈，然其左右旋行不息不爽，必繇靈者引運，不容置疑也。詳見《寰有詮》繇是博納文聖人〔一〕云：靈者運天。其説順理順性，又順天學。經云：運天者跽伏其主天主座下是也。奥斯定聖人〔二〕曰：凡月天之下域，形體之物，受治于在上者。在上者，受治于靈者也。至言其所以然，依諸聖賢確論。造物主治物，必就其性治之。故立人以治萬物，立君以治萬民，立神以治天地。所含諸品諸務以宣其聖治之和順微妙，及其慈悲之至焉。此意復著于後。

三曰：空中無形，屢聞語言；扶鑾懸筆運箕，無人使揮，自動書字。石木塑像，應説未來，明釋人疑，吟詩答對，暴人密秘；遠土之物，應願倏致；不終日間，傳音千萬里外；師巫符咒，致殘人命；作風起濤，毀屋沉舟；發雷降石；然火焚材無算等象，人力所不足之異跡，非繇神鬼造作，難指其自也。

或曰：是驗跡虚幻，似然而未必然。即然，亦惟陰陽之妙德，偶爾致之。何須

〔一〕即聖波那文都拉（St Bonaventura，一二一七—一二七四）。
〔二〕即聖奥古斯丁（St Augustinus，三五四—四三〇）。

神鬼之靈者造制之乎？曰：嗚呼！信如此説，是滅人性而置之于蠢彙之鄉也。人之議論言語，趨避興止。凡有奇造美跡，皆可謂虚幻無實，即實乃陰陽偶合所致，非人之靈性所主而造之也。乃耳聞目睹口啖手指種種實際，豈可謂之虚幻耶？而況陰陽之氣無靈，安能自施其靈效？是正猶云：日能施光炤物，而自無光；火能施熱然物，而自無熱。可乎？

四曰：請視負魔懷鬼者，不論懦弱婦女孩童，分外強力，雖百十勇士，不能持服。又不論愚魯士女，生平無學者，時言書中奥旨，須講異鄉土語，發人心中密藏，預告將來，識知遠方隱跡。鬼魔離去以後，其人仍舊弱懦無力，愚魯無知，是諸異跡，從何而來？謂之虚幻耶？謂之繇陰陽之氣耶？

或曰：是驗因繇神鬼必矣。然神鬼非他，惟人亡故所遺之靈，而附生人之體者也。曰：此説已解于上篇矣。兹復設一辨。夫人靈在本身時，無是強力，無是博學，無是奇驗，至離本身而附他體，何繇而獲是力、積是學、施是驗乎？

五曰：萬古萬民，實信山川江河，皆有鬼神，蒞其地，理其務，因時祭祀祈禱，以獲其祐，禳其禍也。又觀山窖洞穴，及人居室，屢爲邪魔所據，擾亂移物毀資，不得寧靜，謂無鬼神可乎？

六曰：天主原造寰宇，無不圓全，則寰〔一〕宇所含物之宗類，未有不圓全焉。物之宗類有三：一屬形而悉無靈者，如天地四元行類；一靈而悉無形者，如神鬼類；一有形而並含靈者，如人類是也。藉令寰宇獨無神鬼之類，未免缺乏，而造物之功，非全美矣。此理有專論。

神鬼受造序意第三章

造物主太初既從無中造成靜天，幷從無中化成無算靈明者，而分爲三部九品，居之天上焉。厥旨多且玄，難以思測罄述。謹稽聖經與聖賢正傳，而推其略。

一曰：天主造神靈之多品，以傳奇本性之美妙，而共于物也。蓋物之愈尊貴美好全滿者，亦愈無私而自欲共其美好于外也。二曰：以顯其朝列之盛也。世君建都已畢，隨立多部官職，以顯尊榮富福。乃天上之主，于所新肇天國，孑然獨立，無臣以彰其榮福乎？三曰：上主造成大地，遂以相稱之民居之，則造成上天形物之高

〔一〕底本空闕，今補。

尊者，豈宜空置而不充以相稱之靈者乎？四曰：以宣其政治之聖妙也。天主聖性神體雖圓滿，充塞六合内外，無所不在，無所不能，一切不須外物，不藉他力，自足施政，權攝萬有。然以至美至善至慈至公，于人物之治，槩托諸靈役，以宣命旨、施恩澤、致刑僇、迪于善、警于惡也。五曰：以護守人物之類也。人生僅脫母腹時，遭天地水火，及邪魔無算累禍，所自不及禦者。又染于始祖之夙習，自不能明其所當趨，及其當避者。故至慈物主，初制無數靈神，令各人生時，不論賢愚，尊卑士女，即受一神護守，逮沒不離，而恒爲其伴、爲其師也。至論國都郡邑方所，各蒙主賜一靈者，掌守人民，禦敵外患，存和保寧。又各重天，原受一靈者運動。又世間萬彙，各屬一靈者存守，不使滅亡，以致寰宇之美文全體闕陷也。此旨復詳于後。

神鬼品數第四章

聖經凡言神鬼之數，以爲至多無限。大尼〔一〕，先知名聖也。蒙天主啓牖，見天

〔一〕　疑爲僞狄奧尼索斯，撰有《天階體系》(*De coelesti hierarchia*)。

神百千萬億，左右主座，列朝奉命。若伯〔一〕，上古大聖，曰持主命者靈僕，不可算也。儒望聖人，幸睹天上列朝之榮，神數之衆，無言可指，只以可算之數，約言甚衆焉。後聖者安多尼諾〔二〕曰：滿天之星，海濱之沙，寰中之物，未可及天神之數也。至言其所以然。按天學定論，人生各蒙上主賜一天神護守，不二不兼，至終不離，終離不復守人，則自寰宇造成，人族始生，逮寰宇窮盡，生人之數，胡可測耶？然是衆數比較天神之數，猶未足比其萬一也。蓋守神之外，尚有守國都郡邑方所物族，是乃無數，又不可測也。又是守人守物之神爲九品中之下品，而上品之神較下品者更爲繁衆，則諸九品之數又不可測也。天學之宗篤瑪所〔三〕聖人，推究其數衆之所以然，曰：宇内凡物，或形或無形。屬形者，其居愈高，其體愈尊，且愈宏廣。試觀氣域宏廣于下之水土域；火域宏廣于下之氣域。天之重重彌高即彌尊彌宏廣焉。至無形之物，如靈神者，悉無幾何比例，則其尊卑殊異，非繇幾何之宏狹能辨之。惟繇性情

〔一〕即約伯(Job)。
〔二〕疑爲安東尼諾(Antonino Pierozzi di Firence，一三八九—一四五九)。
〔三〕即多瑪斯・阿奎那(Thomas Aquinas，約一二二五—一二七四)。

之品級，可推其高尊。緜其高尊，可復推其數焉。以故神品之益高尊者，其數益衆無疑也。此理甚明且實，又有確據。聖經云：地君之榮，顯于忠臣之衆；國民之寡，正爲國王之辱。乃天主爲諸王之王，諸尊之尊，于其天朝，豈不宜有忠臣之衆，以至人思不可測者耶？蓋地君之富力，智能，仁惠有際，弗能如意。若天主之富力、智能、仁惠無限，凡其所宜行無不欲行，其所欲行無不遂成，故額峩略聖人曰：居上國之臣，其數不勝算，欲測其數，必非人思可及也。惟天主無窮靈炤能盡之。

天神品職第五章

大邦之榮盛，顯于臣衆，更顯于臣衆之有品級也。天地真主，立天上之朝，列無算天神，以宣其神智全能之奇妙，豈獨無序耶？爰分上中下三部，經文所稱竭辣嘉〔一〕是也。各部又分三品，經文所稱閣樂〔二〕是也。上部至尊至親，左右上主者，專

〔一〕 Hierarchia：等級。

〔二〕 Ordo：品級。

愛慕思繹天主性體之微妙，仍傳其所應傳之分于諸下部焉。此部中三品，一曰：責辣斐諾〔一〕，一曰格路彼諾〔二〕，一曰多樂諾〔三〕。責辣斐諾者，譯言繇愛而然烈。蓋因愛慕天主之心甚切，如懷神火，熾烈無息，仍以是愛，提繫下品，使愛其主也。格路彼諾者，譯言明識。蓋因所承靈明，洞徹天主聖性微妙，常常涵泳無厭，仍以是識通炤諸下品也。多樂諾者，譯言主座靈臺。蓋因其恒侍主側，寵眷深密，主安之如寶座也。中部亦分三品，而專于下世之公務公治焉。一曰督彌納〔四〕，一曰微都德〔五〕，一曰頗得達〔六〕是也。督彌納者，譯言主命，時宣傳上主之命，于下部之諸品，而炤諭以各所當之政治者也。微都德者，譯言主德，力于世之政治。凡遇艱難危險，必施其能力，敵難除阻，以致成務。又凡值時事之急，造奇標異，有俗外超性之效，或以

〔一〕Seraphim，色辣芬（熾愛天使）。
〔二〕Cherubim，革魯賓（普智天使）。
〔三〕Throne，上座天使。
〔四〕Domination，宰制天使。
〔五〕Virtue，異能天使。
〔六〕Power，大能天使。

宣主之神旨，或以證主之正教，或以振善人之患，皆此品之神主之也。頗得達者，譯言主能，于世教公務，各分定其次序，及各務所宜繇之道，何時何規，以致成功。倘值邪魔紛擾世治，將害公政，即抑鎮之而破其計，止其害，係此品之神也。下部三品，皆專分領上部所宣公主之命者，一曰併濟把〔一〕，一曰亞康若〔二〕，一曰諳若〔三〕是也。併濟把者，譯言領袖，指引下品之神於各所當行，而守人物者也。亞康若者，譯言遺使者之宗也。凡有要務，此品親宣主命，或親掌一邦，或護守帝王之躬焉。諳若者，譯言遺使傳命者也。凡遇事，不論鉅微、公私、貴賤，即奔而施主命，大都護守人物之類，以爲要務正職焉。

或曰：宇内尊貴之物，莫若天神，何以知天主令其護守人物，薄天神之尊，而厚人物之賤乎？曰：天神護守人物，固有實據。聖經謂人曰：天主命其神隨路守爾，兩手拔爾，不使爾足至蹶於石。或有隕仆者，亦不受傷，主以手藉之故也。耶穌行

〔一〕Principality，統權天使。
〔二〕Archangel，總領天使。
〔三〕Angel，護守天使。

教時,或指所逢孩童示衆曰: 甚勿欺薄斯輩。蓋其守神,恒面天上父主也。繇是古今聖哲,篤信人物,俱有下部之神,簡攝理治,萬不敢疑。若云以神性之尊,守人物之賤,亦于義無傷。蓋天神所以得奉至尊上主之命者,原爲其尊,爲其仁也。不得復論其性之貴,人物之賤矣。如世君或舉民中寒士,令師保大臣,教習之。大臣敢謂君之簡薄耶?矧天主欲顯其愛人物之極,親降塵世,振人難,理人事,治人病,提善去惡,致登天國,永享無際真福。爲之臣者,反以爲賤而不爲乎?是故聖經嘗述天神,凡奉主命,降濟人事,必飛持其功,以爲幸。又凡值人類感其恩惠,而欲禮謝之,必辭不敢當。曰: 宜禮謝公主。若吾輩與爾等,同爲主役,何足禮謝耶?

或曰: 天主無所不在,無所不知,無所不能,其于下世之政治,一切不勞神力,不待物助,何須命神代守人物?既用神代,得無疑一主不足以禦萬物之繁,猶世主選舉多臣,代敷政治,因補其所不及者乎?曰: 是不然。天主既以全能,從至無造成萬有,不借他力,則以治之存之,何有不足?豈必須有所造者之力,以治存之耶?故天地人物,及諸神品,無論尊卑、巨微、衆寡,統屬天主臨涖攝治,無時離其炤鑒者。則遣神品護守生民萬物,非以減其任,正以顯其榮; 非以資其劣,正以顯其強; 非以屈神品之尊,正以証其愛人之極也。

神守之恩第六章

或問：神守恩澤，既宏且密，可得聞其畧乎？曰：古今聖賢，據聖經諄諄論之，約歸二種焉。一係神，一係形。係神者何？或啓牖人心，使預悟緊要將來密隱，天主所欲造之大功；或以善念默闢人悟，使知從善避惡爲當然；仍感其心志，勉其神力，以趨所當趨，而戒其所當戒者也。或資脩德之志而進之，以致造入誠德之域；或阻惡德之萌，豫防邪感，鎮禦魔害；或懲責人之罪愆，引以改圖；或以順理慰人憂，釋人懼，安寧人心，平治其躁急，除去其誘端；或至難中迪人祈禱主祐，而獻其求，與其諸功于主臺前。又代推主恩，傳主命，拯人難，而全其惠，盡其職也。或逢惡徒賊敗善俗，殘虐正倫，即處分加僇，絕端除害。至人病將終，四體困痛，内外諸司，迷蠱罔覺，心慌膽悸，邪魔乘機，倍力盡計，以煽惑人，俾人魂沉淪冥獄，服無際之孽殃。于是守神驅魔，披其霧塞，暴其幻謀，毋使迫逼，扶人正氣，無使驚畏，更引悔慟生前之愆，以求主救，終納之于天上國也。至人既死，守神恩尚不止，偕人靈魂，上達天主臺前，以享前生所積功德之報。倘人死時猶未淨潔，守神偕下煉獄，姑贖夙債。消清之後，又偕升天享福也。是皆守神所施關神惠澤之略也。係形者何？從生出母胎時，守神接掌，振援于水火雷風諸菑之中，禦敵虎狼之害，鎮抑邪魔之讐，消減疾病之患，或療治之，或加神力，使甘忍不至怨尤棄志。或遭強寇惡類，猖獗侵攻，搶掠殘虐者，或致其力，或施善策，避害保命。是等諸惠，古新經典，明載之，聖賢屢驗之。奧〔一〕悟丁聖人，嘗統約守神萬惠之略，曰：神守者，天國忠臣也。其降斯世，以護天主所擇升天之善人耳。故時時處處，孜孜拮据，以振我於讐，就我於寧，勵我以善，止我於惡，防我之難，迪我之吉。我有祈禱，代陳主前，求其慈鑒；既獲所求，仍復就我，俱入俱出，朝夕不離。我動作，則爲之引率；我安息，則爲之守護；我興功，則爲之協助；我克私，則爲之慶勞；我受義難，則爲之哀憫。繇是知人命自生迄沒，皆藉神守保護、引翼，無時無處，不沾其惠澤也。

或曰：人類靈尊，固有神守，最著最當矣。若蠢族，及諸方所，何據何故，而云有神守乎？曰：是有明據，于古新聖經。古今聖賢，默契而傳，以實理多端證之也。若望聖宗徒，嘗蒙天主異寵，啓示天國光景，明視無算神品，陟降奉行主命，而治普

〔一〕底本爲「粤」，應爲「奧」，今改，即爲聖奧古斯丁(St Augustinus，三五四—四三〇)。

天下諸務也。又有專保諸方所者，有掌邦國者，有臨江海者，有司天運者，有守物類者。是故達瑪則聖人曰：天神伏領造物主之命，各有所職。覆載之間，各國各郡各民，悉有主管者焉。格肋猛聖人曰：天神之政治，敷分宇内，無所不及。上古名聖厄里色者，忽值夷寇，衆聚攻城，伏祈天主降祐。祈畢，聖人役童急告曰：城外夷寇滿山，奈何？聖人復祈天主，賜啓役童心目，以視天神降護本郡之衆。時童幸見滿空天神顯像，披堅執鋭，趨捄國城。因以告衆，令無懼焉。繇是伯兒納聖人謂人曰：勿疑守神。謂無見者，蓋古近有見之者矣。厄里色聖人曾見之。又令其役童見之。訝哥伯上古聖人見之。葆禄下古聖人又見之。世世聖賢又屢見之。若汝未及聖域，何能見之耶？而況歷代書籍，屢載庸人、罪人亦得見之。因改惡徙善，或受責戮而淪幽獄也。篤瑪所聖人詳釋天神守治各方，及物類之所以然。曰：天主既以全能造制萬有，分定方所，建萬國，寓萬民，即宜以其聖慈保存護祐之，不使或危於邪魔之計，或患於外敵之強，或傷於内奪之虐，或損於時流之勢。故神靈中，或司各天之旋運，不使爽息，致天中七政萬象，依次炤育萬族。或司國都郡邑，保其寧和，禦敵外患。或司物族，俾其傳存，無息無缺。或司帝王之躬，翊政益民，而免其害。雖然，神守諸方所物族之正志，惟圖保全上主原所造之寰宇。而保全寰宇之正志，又惟圖保全上主原所寵之善民。故葆禄聖人曰：天神者皆悉行役，以致上主所期升天之善人也。

或又曰：神守人物方所，是矣，明矣。然或人遭患，國遭亂，不見拯于神，反多危滅，是守神不足捄乎？抑天主不肯救乎？曰：是俱不然。守神之能宏大，天下合力無可敵。天主慈愛國家萬民甚切，造無算神靈保護存全，而禦内外諸難。則民危于患，國危于亂，豈因神力不足救，主不肯救耶？第因生民多犯重罪，自招禍耳。蓋天主原造物以事人，造人以事己。故賜守神迪善阻惡，就福離禍。人能專一事主，主必鍾愛，守神亦護振不置。惟人忘棄主恩，恣慾滅法，相奪相殘，以至亂國敗倫。故主厭惡降菑，罰其重愆。諸神既爲上主忠臣，焉能愛主所恨，而振主所戮者耶？則民遭患，國遭亂，而不振于神者，勿怨其神與主也。惟當怨其惡致然，以故巴西畧聖人曰：罪惡之穢，驅逐守神，如烟驅蜂，惡臭逐鴿是也。

卷之一終

神鬼正紀卷之二

泰西高一志譔　河東段袞、韓霖仝較

神品之分職已著，次須詳論其性，及其情之奇妙云。

神鬼性體第一章

神鬼性體精美，非世間萬性可較，亦非人思議可能洞徹罄述焉。蓋思議繇諸司所借所陳之物像，而神之性體既無質形可據，則亦無借像以通徹其性體之真妙矣。雖然，先知者依據所覩之明驗，推測其所不可覩之隱，故繇所已知之理，度其所未知之情，竟至剖析神物之異同，及其性情之略焉。兹依聖賢之確論，陳布要端于左。

一曰：神鬼性體，必爲自立而無形。藉爲依賴者，須指所依賴之他體。倘曰依賴天或諸物之體，則神鬼終不能離於天、於物而仍存。如黑白等色、熱冷等情，終不能離於原所賴物體而仍存矣。又神鬼非自立，必弗能亙古施德，運動種種諸天而不勞。又不能毁堅、舉重、拔樹、摇雲、舉風、起浪，以至敗壞國邑人物也。葢依賴等物，原自無是德力，又不能自主造作也。然既爲自立，又云無形者，何也？凡屬形者，必屬幾何分數，有方可居，有體可着；與他形體，未能相容相通。又凡移動，必隨時次，未能倏天倏地，俄東俄西，而無窒滯也。神鬼悉不然，則其爲無形之體明矣。假令全屬形如石木等，或半屬形如人類。則全形者必爲最賤之物品，未能靈明理事，豈可當神鬼之尊峻？半形半無形者，即與人類等，亦何能施人力所不能及之神効耶？

二曰：神鬼性體，既悉無形，必爲至靈。葢物愈淪形質，必亦愈粗愈雜，離于靈明之性，如木石等物。人類惟帶形質，雖靈于萬物，而猶不如神鬼之靈明。因神鬼悉無形質故也。繇是古近賢哲，論鬼神之性，以爲受造物中最靈，因稱之靈者。葢神鬼亙古所處所施，奇異神効，非最靈者不能。然非無形，則不能爲最靈，如上幾証也。

三曰：神鬼之性體，終古不可磨滅。葢依性理實論，物之可以時消損，而終磨滅者，其故或繇形質，或繇四元行相爭之敵情，或繇形模者焉。若神鬼悉無形、無質模之結，無四元行之合，無敵情之相爭，則消損磨滅，何繇至耶？故奥悟丁聖人曰：吾輩篤信諸靈者，永存無滅，因無形質故也。繇是可知天地之際，惟神鬼之性，爲精粹純美，靈超萬類，他物無與爲侔也。

神鬼識知第二章

神鬼之性，既爲最靈，必自備明悟、愛欲二神司，而極其靈，以別于諸他蠢類焉。司明悟者掌識。識有二種，一曰屬性之識，一曰超性之識。屬性者隨元性，至終未能忘滅；超性者，隨上主寵賜，可以脱去者也。兹先論隨性之識，而分數端以詳其次序焉。

一、神鬼據性之識知，甚懸絕于古今生人之識知。葢物之愈尊且靈者，其識知愈宏大也。故衆人亙古所獲，并所積之識知，神鬼受造之初即獲之而有加焉。葢神鬼之靈才，不據形軀，不繇外司，而明悟也。又不煩漸推，而識知也。乃一炤而洞徹事物隱微，無所遺滯，是古今聖賢所定之公論也。

二、神鬼原所自識者,則其本性情也。蓋凡所宜識事物,莫切進于本性情,則亦不能不識焉。次所共識者,則上下諸神之品。蓋諸品性情,既有限際,必不踰各神靈才之能力。又神之諸品,皆爲天臣,則不可不相識。否則天臣之和睦福樂,未免缺而不全矣。又次所共識者,則性内萬事萬物之當然,及其所以然。又事物各類所含之能力,與能力所將施之効,以至窮世也。蓋是諸識,于神鬼之靈性,最相宜稱,非獲是識,不能盡其職。主守萬類,而引迪治理之也。繇是聖賢推云:下品各神明識上天各重以至窮世將轉幾周,日月星辰將會對幾次,下地人族將生幾代,各代將生幾人,飛走潛植生者皆然。各土異語,各方異產,各民異風,已往將來,奇藝隱密,微跡巧謨,無所不曉。又次諸神自然,所共明識者,則萬有所繇生之大源本也。蓋諸神皆明識諸物之性情,及其能力,則亦明識諸物弗能自生自成,及其保存必繇全能至智主宰生成保存焉。蓋亙古明哲學人,惟繇斯目所視,斯耳所聞,諸司所覺,以心之靈,推測覆載凡物必有造制者,而矧最靈之神乎?

或問:神鬼既洞識萬物能力所將施之効,及諸動行,以至窮世,則亦明識萬民中,各將發之意念、言語,及所將積犯之功罪,以至各所將獲之禍福于身後。是耶?否耶?曰:人物所將施之効于後者,固有二種:一屬性力,一屬心志。屬性者,動行諸効，神鬼固明識之，無可疑焉。葢是識，依上論，關于神鬼性體之尊貴，及其所受之職分也。若屬心志之動者，則不然。葢凡從心志造作者，初自未定所將思、言、行于後，鬼神何繇測而明識耶？無論未定，即令今日已定，至異日猶可改意，則今日既自不能識其所將思、言、行于次日，況他人他神乎？繇是天學實論云：神鬼非特靡能的識他神之心志，即人心中之密情，亦未能識也。葢國之公政正治，固多密秘，密秘一泄，政治即妨，矧天國政治之奇妙，獨無密秘，乃任神鬼識他心之藴藏耶？以故聖經每云：識神與人之密隱者，乃物主職分之切事，他物不及也。或有神鬼預言屬心志之事，而泄其密情，則亦有説。或蒙天主啓牖，令識而傳于衆，以加賞戮；或聖教中先知者，預言將來密微，亦天主所定，欲造奇効于來世，紀諸經典。神鬼知之最明，則亦能預言之。況又天主實令言之，以証聖教正真，而堅信者之善志，貶不信者之惡罪乎！又或邪魔期欺人世，預傳所將造之異効，令人觀其應驗，而信服之，因推于惡。又或世人凡所造作于外者，神鬼必知之。其飛動之速，俄傳他方，及人後見實驗，必以爲奇而實不足奇也。又或神鬼明識各人之性，及各人生時所顯愛惡喜樂等情之跡，以靈穎卜測各所將造于後，因預言之。苐邪鬼緣知其識未確，而恐差謬，故預言之時多用活動狡猾之言，以掩其蔽。若天神者，其所識未確，亦未敢的傳，以致誤人事也。

神鬼超性之識第三章

神鬼洞曉屬性諸効，已著明矣。若超性之効，係其分外將識之否？曰：超性之効，原有二種。其一，物體之生，不屬性内諸所以然，惟係全能物主錫之，如天主愛人所賦靈寵經文所稱額辣濟亞〔一〕以立實功；或所賦福光以享天福是也。其二，物體屬性内所以然者，但造成之規，或超諸性之力，如矇者復明，聾者復聽，如火熾烈而不然物是也。神鬼于此超性諸物，有識有不識焉。識者，天主以全能造無算奇異超性之効，及凡于義理無相悖者。葢是諸効，皆屬全能者之正義。故識此者無不識彼也。然自未能明識超性之物體。葢物既超性，非獲超性之光炤，無繇可識。神鬼雖靈，亦不能及。矧諸物之識，必繇本物像生，而神既無備是超性物像，則亦未宜得是物之明識也。至言超性之効之次種者，其識固有先後焉。葢既明曉天主能使火不

〔一〕即 Gratia，恩寵。

然，水不濕，死者復活，瞽者復明等無數情跡，則至于造成時，亦自明識之也。蓋是物體，皆屬性内相稱之像，而是像原備于神鬼之靈才，仍用之以致知物，于理于性，無相悖也。但天主所繇之道，所遵之規，以造是効，既超性力，而獨係物主之奥旨，則亦非神鬼所能識，止能畧推而卜其跡也。

神鬼諸識據像否第四章

欲明神鬼識知之妙，繇人道可庶幾焉。人識外物，繇五外司取像傳内，内司傳于司明悟，明悟又依覺司所設粗像，自制神像，納于記含。若無形之物，不屬外司，必爲忿欲二司所收，亦入公司。本無粗像，不必取細，徑從思司納于記含，皆時取時應。且取一物，記含悉呈諸物，任所欲得，如庫司主藏，待命而出之也。物像有四品。一爲屬五外司之物像，係于所向，存亡因諸物。稍上焉，屬内二司之物像，脱于所向，物去而像猶留。顧其藏像之所，尚屬有質。因其有質，初則收存，後亦漸次隳壞。又上焉，爲明悟之靈像。當作明時，向于所向；既明之後，已脱于所向，而靈像尚在，爲存留之所爲。靈魂不係于形質，故所向既去，猶抱而不脱也。其最上者，爲神鬼所原有萬物之靈像。蓋神鬼既爲至靈自立全體，悉無形質，并無内外，係于形質之司。則所含萬物之像，非繇外物外司。故自天主造制之時，并獲萬物之靈像也。繇是弟尼恤聖人曰：神鬼之識，從内出，不借于外。蓋繇内所含靈像，格識外物也。聖篤瑪所〔一〕詳其所以然曰：宇内形質有二品。一、無定模者。既已受此模，結成此物，復能漸次受容他類之模，如天以下萬物之質是也。一、有定模者。一與此模締結，不復能向他模，且于本模不能復離，如諸上天之質是也。宇内靈明，亦有二品。一、原自虛，悉無物像，惟能漸次受容萬物之像，因之識物，如人之靈才是也。一、原受造時，并獲受萬物之靈像，而不係于外物去來漸次，如神鬼之靈才是也。蓋神鬼之性，尊貴超踰人性，如天絕地。故其所宜得靈才，與靈像之勢，亦宜如是高峻矣。以故弟尼恤聖人推云：天神之性，彌尊高，其所繇像以識物者，宜彌精且寡。蓋以物離源愈遠，則愈分散而微，愈近即愈純合且大是也。繇是推知下品之神，所繇靈像以格萬有者多矣。而上品之神，祇繇一二，格知萬有，更精更純妙焉。

〔一〕即多瑪斯·阿奎那(Thomas Aquinas，約一二二五—一二七四)。

神鬼靈識奇妙第五章

神鬼之識，超絕人識若星淵，信矣。其奇妙非一，畧有四端。一曰恒聯不間，二曰合識無次，三曰明炤無推，四曰真的無爽。

所謂恒聯不間者，人類雖聰穎，其思必有作息之時，因其作而思，或繇外物之就而擊外司，或繇内氣之足而資神工。故凡内氣不足，外物不就，人工必息，未能連綿矣。神鬼内備萬物之像，無待于外。又識思流通，不費神力，故連續無間焉。至言其所嘗識，一則其性體也。蓋凡物之宜識者，莫近、莫尊、莫美于本性體。故不能不常思識而玩味之。又有説者，思識必美于無思識。神鬼之性尊美，必欲全備。故宜常識，且自識無間也。如人肉軀非恒養育未能保全，而神鬼之性，非恒運靈才，亦未能成全也。二、神靈所恒明識，則天主之性情也。蓋神靈之性，最近天主之性。既自透識其本性，得不透識性源乎？況夫性源之明識，固爲神靈者所宜，并所欲獲以全其美好，而完其自然之福，則豈肯息而不識耶？況是性源之識，自生真正實樂，毫無倦厭，亦毫無滯碍，則繇何而間息乎？三、神靈所嘗識者，即寰有之幾品也。蓋神靈之聰明尊貴，不宜斷息于物之識，而空置其源所含之物像。故嘗嘗宜有所識者，而繇所備内像，或識此，或識彼，未必恒係于一類之識也。

或問：邪鬼與天神性靈無異，則亦明識其本性，與天主之性情矣。乃繇是識，可謂享福否？曰：否。蓋正實福樂，非止須以司明悟，洞徹其本性，及性所根源。又須以司愛欲愛慕其至全至美好而樂之。若邪鬼雖識天主聖性，及無際美妙；但緣情僻，未能愛之樂之，尚因恒受惡犯之重僇，不能不恨而加其憂，尚何福何樂之有哉？

所謂合識無次者，蓋人之靈才，力既有限，識亦有次，未能并識多物之類，又未能并徹一物内諸情諸効也。若神鬼之量宏濶，靈才聰絶，則能并識多物之性，及各物内諸情効矣。蓋依性天二學，物類愈尊且高者，其德愈廣且約。如形天之德，約攝萬形之德。如人識覺之德，約攝萬覺生之德是也。神鬼之性靈，超絶諸生靈者，則其識自宜弘廣簡約。如上篇論像云：諸神之品彌高尊，其所獲物像彌寡約是也。然欲更詳此義，須記上論所陳神靈之識有二：隨性與超性者。天主初造神靈者，并賦萬物正像，使繇此明識萬物之性焉。是識緣于靈者之性相宜，故謂之隨性也。神靈受造之後，凡有激感主恩，伏聽主命，蒙主特加福寵福光，使繇此明識性上之奇妙，故謂之超性也。二識實不相悖，又能相容。因之諸神靈，一時從福炤，明識天主聖性。又繇原所受物像，并識其本性，及他物之多性矣。又神靈者，或繇一像能識相關之物；或繇多像，自能并識不相關之物焉。蓋神之靈德，既踰諸生靈者，而又原受諸物宗像，故能繇之并識多多物類，而無窒碍也。

所謂明炤無推者，人靈才短劣，其所用像，又借于物，且所得物像，非清且純。故凡識物未能不繇漸次也。或繇顯推隱，或從近推遠，或繇其然推其所未然。則多慮多功之後，乃可格致焉。然多有疑暗，未能全明者。若神鬼靈才，宏濶聰異，而原所秉物像，與其靈光相稱，則其識物也，惟一明炤即了徹分合異同，并徹各物之所以然，及各物所能造之效，以至沒世也。蓋其本性之奇妙，宜如是也。至言超性之識，神靈者，亦無必獲之，不待漸次之積。故嘗云：神靈者，凡所宜獲稱性之識，受造時漸次、先後、明暗之變。蓋其原所蒙福光及靈像，自悉呈諸物性情之蘊隱微妙。神之靈才，一炤即格窮矣。雖神品高下不均，所識多寡精粗不等，然各品所宜識者，遂識之而悉無推測之次焉。所謂真的無爽者，萬有之性情，微密難測，又人所據五司以取物像，多屬謬幻。且内覺司，及從覺司之靈才，屢爲七情所牽惑，偏于虚僞。故人之識多差誤，而得其真者寡也。若神靈者，原得自然諸物正像，非係内外諸司，則其所宜識分内物性，必毫釐無謬誤焉。至論超性之物，善神識之，亦必無爽無惑。葢其所識皆據福光與靈像。又其性情極正，不至牽偏於虛僞，或是所非，而非所是也。若邪鬼之識，雖于性内之物理，槩無差謬，然于超性之事物，多有惑誤。葢既未蒙福光，其靈力自然不足。又其性情曲僻躁迫妄傲，則其識分外之事物，豈得不貿貿耶？故曰：善神凡遇難測之隱密，據其跡與効，以神智決其是非，必不踰閑焉。邪鬼反是，故難得不謬也。此端更詳後卷。

卷之二終

神鬼正紀卷之三

極西高一志譔　河東段衮、韓霖仝較

神鬼靈悟諸功已析，次論其司愛之功。蓋二司相因，不能相無，其功亦相應。凡司悟所能明者，司愛亦能或愛或惡。而司悟識物愈明，司愛亦能或愛或惡之愈切也。

神鬼何愛第一章

已上諸論，神靈固有性福二炤，能識萬物與萬物真源矣。則即繇是二炤，其司愛之力，又能施二愛焉。一曰性愛，即本性之力，所自能至；一曰超性之愛，即性力所不能至，必待天主超性之力祐之也。兹止言性愛之功如左。

一、神靈之善者，先愛天主于萬有之上。蓋因得性情之正，以司悟之靈明徹天主爲萬有之源、諸美好之積。故不能不愛之于萬有之上也。不則其司悟必昧蔽于所當愛之先後，或受造時性情不正，而偏于私者也。又萬物必有所趨向宗爲，以致其性之全，而萬物宗爲惟天主。則天神依厥本性，自然愛慕趨向天主萬物之上。不則無所趨向宗爲，必浮妄而非天神全性矣。乃天神愛天主之功，實實施行無間無斁焉。蓋天神嘗明其本性，及性所繇之天主，而思繹之，自取正樂不息。則隨明悟之愛功，亦不能或息也。

次天神所愛者，其本性也。因其性爲天主後，至尊至美好者，即自爲可愛者也。夫物未有不愛其有，而有愈美即愛愈切。天神恒識其有之美好，則恒愛之。是理所應愛而愛之，正愛非偏私也。

又次衆品天神，原自相愛也。蓋性情相類者，莫不相愛。而天神諸品，性情既類，又爲性情之正，故不能不相愛。因各愛衆如愛己也。矧天神皆天朝之忠臣，各相視如天主活像，則以愛天主之心不得不相愛矣。又次天神于下萬物，理應愛即愛之，理應惡即惡之。蓋天神性情，明正無私蔽，又獲自主之正權，即以理閑其愛惡之情而不踰。故物有美好善德，無不愛之；醜邪惡德，無不惡之。蓋其性既正，即不能不依下物之異勢，而順施其愛惡之情，備自主之正權。因于愛惡等情之施，決不可強也。蓋神鬼靈妙，不能不然。否則與諸蠢類彙何異哉？又知厥品必有正邪善惡，禍福殊勢，足驗自主之意致然矣。蓋意無主者，無繇致善惡功過之異勢也。又知神鬼諸品，初受造時，并獲隨性自然之福焉。蓋從是時，諸品神靈，洞徹上下萬物正理，即繇是識性情之正，愛慕所當愛慕物之美好，因享實樂也。

神靈造時所受超性恩惠第二章

造物主有造必全，豈造神靈之尊品獨缺耶？蓋其制神品之大旨，欲其建實勳，立天朝，享無際真永之福耳。以故先備其性之精粹靈明，次加以超性之多惠多祐，使繇之易立實功，因造其福也。諸神之品，初所受奇惠，約畧有三。一曰額辣濟亞，譯言聖寵。凡獲之者，必爲天主所愛，内外全美，易趨諸善，避諸惡，能愛慕天主萬物之上，因致天上永福也。故額辣濟亞，謂之正福之種。蓋是種終存，未有不致天上永福者。否則雖獲性情和正，必不能建立實功。況望天主之永福耶？

二曰超性之德。額辣濟亞，爲諸善之母，聖德之根。天主初賜神品以聖寵，并賜以相隨之聖德，所謂神、智、義、廉、毅、信、愛、望等是也。蓋非據是德，自不能成功，而造天福也。

三曰超性靈炤。炤有二：一曰隨性炤，所以洞識性内諸効，及其所以然；一曰超性炤，所以識知性上物理也。神品受造時，獲此二炤，因曉識天主聖性之奇妙，而愛慕之于萬物之上矣。蓋悟愛二司，相因相須，而超性之愛德，非獲超性之靈炤以指引，萬不能施其効也。但此靈炤，初時未得全備，而必待其成功。倘初時已得全備，則成功受福之後，恩無復加，而受天福之時無異于未受福之時也。以故聖賢嘗謂是炤爲信炤。蓋諸神品，初猶不甚明識天主聖性之奇美，而苐篤信之。至成功後，乃始明徹，即愛樂之甚，因獲真正永福。或又謂之福炤也。

神靈者有差謬否第三章

此論之義有二：一言神靈諸品，初受造時有差謬否？一言諸神既受造，立功享福，後有差謬否？先論次義。聖賢定云：神靈諸品，悉無差謬也。蓋其司明已獲福炤，洞徹上下萬有實理，毫無所疑；司愛從之，納真全無際之美好；因愛之切，而樂之深，未能或厭或間，則心志定于善，而不能或變，或容小失也。夫天上真福，兼諸美善，福樂無缺，使神靈受福後，稍有差謬，則天上之福非真福，而神靈之心志未定于善，乃猶可以更于惡也。若論其受造初時，必有差謬者也。一証曰：造物主造神原旨，正欲其繇信愛望諸德建功，造天上真福也。夫德功係乎心意，無意即無功過善惡之殊矣。神靈受造時，既蒙賜以自主之權，則能任意從違作止，而尚未定于善，故謂有差謬焉。二曰：神靈受造時，雖并受隨性與超性之炤，及相須聖德之資，然緣猶未蒙福炤，故亦未能決定于諸善，則猶有差謬可知。正如人類，雖初蒙天主寵佑，內積無所不備，然所爲不免有過、不及之蔽也。故弟尼削聖人曰：受造物之心志，皆有誤謬缺失，惟幸而合結于全圓滿美好者，非爲物性之力所能致，惟天主之寵祐能致之也。三曰：依聖經及聖賢之傳，神中受造后，多有違犯負主寵者。經云：事主之靈者，原有易置未定，而主或有所責惡德于靈者焉。聖經又詳述神品中，小半從一巨宗神之傲意，至叛主命，遂降冥獄受刑。則其受造時多差謬，更明著矣。

邪魔實有何繇第四章

依上論，神靈受造後，能自主，因或從善立功，蒙主恩，定于善，享真福，而謂天神；或投惡得罪，自錮于惡，受惡刑，而謂獄魔。天神之性情，及其功德職分，上已言之，兹詳邪魔之履歷，與其惡跡焉。寰宇實有邪魔，古今聖賢合言証之。普天之下，時時處處，所睹明効多矣，萬不可疑。古或有疑者，即爲邪魔所附而殘，竟亦不敢不信。第人世雖知有魔可畏，而不知其何性何因，則曰魔乃原生之惡類，非也。造物主至善至公，豈造惡類？蓋魔受造初時，原蒙性情之正，而稱天神；以後自偏于惡，因稱鬼魔。其因如左。

造物主初造天地畢，遂造神靈多品。各品之數甚廣，性皆精粹，智能奇異，非他類比。靈心自主，善惡惟其所擇，而率循焉。或正或邪，輒固握之，不能復置。時有上品尊神露濟拂耳〔一〕者，爲諸品所敬，乃自視靈智，無與爲侔，遂忘所自，生發傲志。謂己性靈秀，所享尊榮，可配天主，因令諸品悖主從己。諸品大半拒而不從，以靈善悉歸天主。天主俾入天國，蒙忠報，遂受福，炤心定于善，不復更易，所繇恒享天樂，稱天神云。其小半感于露濟拂耳宗神之意，奉爲盟主。天主惡其傲德，即驅置地獄，加以永刑，定于傲惡，亦不能更易。故萬苦在體，不能復脫，稱邪魔惡鬼云。繇

〔一〕即 Lucifer，路齊弗爾（魔鬼撒旦）。

是知鬼魔所獲首罪，乃傲罪也。故聖經每稱邪魔爲諸傲之準帥，傲罪爲衆罪之根源。次知邪魔之罪非一，即兼多端多級。一視其性精美，心之異靈，私之愛之，以爲自得而不思其所從出之真源；二既視己本性精美，又自以爲足，并恃其能力，以致其所宜得之全福，而不復望于天主；三恃其性之尊，權加諸品之上，而爲之主；四諗知天主第二位費略，日後將降人世，取人性，開人迷，而登之天國，即不伏從致敬，反萌毒心，妒人福，竊欲天主寧取其性，因得天上高位，而配天主。此數端，皆聖經所明指，聖人所詮釋也。而是邪魔之數，最爲難測。蓋天神之數不可算，而聖經所指，變邪魔者，三分之一。又人各有一神護守，則亦有一魔擾鍊。聖經誌耶穌在世宣道時，逢一人懷魔，至六千六百六十有六，因知其數，猶多于人數矣。此意更詳于後。

詳諸魔悖主之繇，因露濟拂耳以性美心靈，冠諸品上，故易致下品諸神之迷惑。蓋顯表其傲志，令下品對炤，即感而從之。因皆自私、自愛、自信、自恃，盟結黨與，變成魔國矣。八品以下，各品種槩有之。故魔極衆，而自成尊卑，不紊雜也。聖經中天主曾云：魔亦成國，沙旦爲之首。即所謂露濟拂耳者也。

魔鬼定于惡否第五章

鬼魔重犯多端，已著明矣。惟未明鬼魔犯後，能自悛改，復立于正道否？蓋人族萬不可比于神，及或迷而仆，猶能改遷復立。神之尊大過人類，則迷仆後，將不能復起乎？曰：按聖經及諸聖賢之傳，神品之中，凡有叛犯者，無一悛改復立者焉。蓋一叛犯，即驅逐于冥獄，加刑不恕也。繇是厄峩略聖人曰：叛犯之神，上主不待其悔而遂僇之。伯多禄宗徒又曰：獲罪之神，天主不赦，而遂置之冥獄。其所以然有四。一曰神性明決；二曰刑痛至切；三曰恨怒深重；四曰主祐斷絕。詳列于左。

所謂神性明決者，人之靈局淺隘，推理未能透，不無疑謬；又心志懦弱，取舍亦或倒顛，而溺于非宜焉。然溺後猶可推知向所未知，因致改徙。乃神靈于諸物理，一炤洞徹，從避取舍，悉無懦弱；又内無諸情之擾動，外無幻偽之感誘。故初取或善或惡，終執弗舍，因無繇致改前失也。聖經所云：樹揭一落于北，竟不復豎而向南。此之謂也。

所謂刑痛至切者，鬼魔地獄，刑戮最重，無數無限無間，非世間苦楚可比萬一。故其心恒居其中，切思深慮，無計望脱，益思益痛，益痛益思，未能自止，則改遷之念，無隙而生矣。試觀凡係重疾，或遭大難，至苦切痛之處，未有稍息而遑他慮者也。

所謂恨怒深重者，鬼魔既無計脱于至公天主所加重刑，則時時私萌讐情。怨尤恨怒，因錮于惡，愈久愈烈，無時可息，而改圖也。以是聖經謂天主曰：恨爾者之傲志，常常發升。又云：鬼魔之心，如石堅硬，未可柔輭。夫然爵聖人曰：凡叛主之神，不能不發惡心，或不受重刑。蓋初既甘犯主命，終不悛悔，故亦應服永刑，萬不可辭也。奥斯定聖人又詳之曰：凡係冥獄者，雖或明識其向所已犯之罪，而畧悔之。然悔非誠悔，惟欲脱重刑，而心則益深于惡，益恨其施刑之公主也。

所謂主祐斷絶者，天主本慈愛其所造之物，即欲保存其所賦之性，而全其恩。但諸魔既自投惡途，不復醒悟，則至公之主，不得不鑒而處分，絶其聖祐。故諸魔自不能復起而改也。

或問：鬼魔心志錮于惡，信矣。但厥性猶存，與前無異。或時能爲善言，或避惡跡，提人于善，拯人于難。豈其終無善心之動耶？曰：依諸聖賢實論，鬼魔心志，既錮于惡，則凡所思所言所行，雖外似善而實奸邪也。聖經云：惡木必不生善實。奧〔一〕斯定聖人曰：凡升天堂，與主享福者，萬無邪心之跡。則凡下冥獄，與魔受刑者，亦必無善心之跡也。聖經又云：鬼魔恒犯。註曰：鬼魔從始違犯不止，即不能止矣。繇是可推鬼魔，凡有善語，或提善拯難等跡，必懷邪意，欺害愚民耳。且鬼魔亙古伏受重刑，恨怨天主，妒忌人福，時刻圖害，計致墮淪同獄，是情又無止限。則一念一言一行之正，何繇生耶？故伯納多聖人曰：居獄受刑者，固結于惡，凡所欲必不外于惡矣。

鬼魔刑戮第六章

鬼魔叛命後，墮獄受刑多狀，無疑矣。然其原性，及靈才，猶存未亡也。令其絕亡，則無所依受刑，而承其罪。矧天主深旨，將役鬼魔宣命、討惡、治物。則非存其靈性，與原所獲隨性萬物之識，胡能應職而奉主命耶？雖然，鬼魔之靈才靈識，亦有

〔一〕 底本爲粤，今改。

所傷焉。蓋鬼魔既偏且錮于惡，則其剖辨事物，未免有造次忽迫之謬矣。次所亡者，則上主原賜超性諸惠也。蓋諸惠必藉天主寵福，而魔既失寵，并失藉寵之諸寶矣。聖經述鬼魔原蒙主恩，厥衣種種珍寶；叛命後，遂失種種寶衣，黜棄冥獄，服受無際苦楚也。稽諸聖賢之論，其苦有二：一、天主福顏，宜得恒見。今不得見，爲失苦；一、因加種種苦痛，爲覺苦。鬼魔自叛命，墮冥獄，服受此二種之苦。則非特永失本性所向真福，以爲恒苦甚痛，又受種種苦惱，不可以言罄焉。蓋獄中所見萬狀苦刑，以戮不肖者，鬼魔先服受而不可逃。因其元犯甚重，尚率誘人類悖犯故也。地獄苦狀，備于本論可考。此外鬼魔，明視其所恨之主，及主所寵之人類，多享福禄，永世弗止，則恨怨之心更熾，而百倍其痛苦，無計可減釋也。如人或失原獲尊榮富福，爲仇所得，不可復返，時時所萌恨怨之念，必不可言矣。

或曰：鬼魔原無形體，安能服受地獄形物之刑苦耶？曰：此解已備于地獄本論矣。

或曰：鬼魔叛命以後，皆盡墮地獄受刑耶？抑有不墮，仍居天地之際，充役者耶？曰：聖賢合云：鬼魔大半落冥獄，其居空際，奉行主命，亦隨在加刑，無不可逃。正如天神居世行命、理事，然隨在必享真福，與在天時無異也。此義更詳于天堂地獄諸論。

鬼魔職分第七章

鬼魔從見擯于天，而黜冥獄，伏受種種苦楚，即恨怨天主，恒思復讐，既無可及，則恨怨所寵之人類，而時時圖之，誘致同獄，加無際苦刑，是則其要職矣。故聖經警人曰：爾輩仇魔如獅，時時盤旋，尋覓所吞者也。天主雖慈愛人，然不悉禁止，許詈肆毒者何？惟欲人繇之，多取實益耳？倘天主盡許鬼魔任其嗜欲，逞其恨怒，則人類之滅久矣。蓋邪魔力最強，害人之心最切，爲慈主貶其傲氣，破其猛力，故雖百端誘感，人亦可以堪之。故聖經云：極忠吾主者，必不使邪感勝爾力，尚有加益是也。奥斯定聖人又曰：天主非取益于邪感，與諸世難，必不許所愛之人，落其中而苦矣。若令人力不能敵魔避誘，而强推人于惡不得不從，是人反無罪也。則魔能試人，弗能强人。若人不允，何從强之？則凡人所作不義不潔之事，駕言邪魔，實惟自造耳。故奥斯定聖人又設諭曰：邪魔猶係犬吠人，人不就之，必不能噬也。況天主計安人類，令天神專護，切禦魔誘，而人不認主恩，不從神祐，甘投魔阱，于主何與哉？

或曰：人力弱識淺，天主許强巧仇魔，誘人加害，何若絕之，毋使或感或害乎？

曰：否！否！天主縱魔，感誘人類，實惟有榮于己，有益于人也。試觀人之甚弱，獨庇主佑，克破強魔之萬計，非顯上主全能之榮乎？上古安當聖人〔一〕，幼時入山苦修，名聞四海，魔鬼妒之，無計不施，不能致害，乃深夜狀猛獸多形，各發本情，施威哮吼，圍攻，若欲吞之。聖人托天主庇，畫十字聖號以敗之。魔鬼邪計不休，四旁攻逼，捶撻陵虐，遍體俱傷。聖人之身弗能移動，猶立正志，謂魔曰：吾不走不避，爾能盍盡施之。吾雖無德，然托庇上主，不畏不辭也。魔更怒，乃聚冥獄徒衆，立時地震張口，百狀醜獸齊出，觸、齕、蹄、螫，各從其性，竭力虐之。聖人猶海中高嶽，風浪四激，中立不摇，尚笑而譏之曰：辱哉！陋哉！何須冥中衆魔俱出乎？一魔之力，儘足敵我，又何必變形，而假飾猛獸爲？且既至于此，胡不肆汝性，我吞我噬哉？倘盡弗能，奚用張虛勢耶？魔聞乃愧屈奔散，不復見。古近又有無筭幼女，寧致命，委死萬難中，不從邪魔之誘；寧投刃下，不肯蒙不潔焉。于以見天主全能之榮妙，不止顯于勇男，更著于弱女矣。至言魔誘所致實益于人，一曰養謙拒傲。蓋凡人知鬼魔之力猛大，計巧且隱，不能不畏，而又思無力以敵禦之，則不敢生傲，以至自信自

〔一〕即聖安東（St Antonius，約二五一—三五六）。

恃。乃悉庇上主，每祈其祐，勤修其行，避諸邪端，克服不怠也。一曰去惡精德。人生塵世，未免染污，即凡修德者，亦未能精誠。天主于所寵人，無不欲其成聖成賢。故縱容邪魔誘感撓動，以去其滓，而煉其德也。古昔葆禄聖人，見逼邪感，懇乞天主去之。天主荅曰：爾獲吾祐足矣。蓋德以困成，何須慮耶？安當聖人數年見攻于魔，勢似難堪。于是天主降臨，明顯聖容慰之。安當甚喜，恭告曰：慈主耶穌，頃者何在？何不早臨以護吾急，而瘳吾傷耶？耶穌曰：吾鑒爾忠，姑許魔殘爾形，以練爾德，成爾功耳。非敵不勝，非屈不伸，非苦不安。兹復勿憚仇讐，勿畏魔計。吾將左右爾，使爾名達于世，諸魔敬惧之也。是後諸魔，果聞聖人之名，無不憚而奔者。

或問：邪魔感誘人類者，可測其數耶？曰：按聖賢公論，人各一魔，有二証。一曰天主至慈，無不欲人行善，升天享無窮之福。故遣天神各護守一人焉。露際拂爾乃魔之宗，主之讐也。自爲至惡，欲人皆造惡，以至墮獄，同受無涯苦楚。故亦令邪鬼各專圖溺一人焉。二曰人生世時，晨昏見攻于魔，一計未盡，他計復施；一誘不遂，繼以他誘，無時可寧。則非人各屬一魔，弗能如是嘗見攻逼矣。

問：邪魔誘感人何時始？何時止乎？曰：人從出母腹時，天主遣天神護守，魔亦從是時致害焉。即未能誘推人心于内邪，亦將害人身于外險。從是時始攻至沒，或明或暗不止也。倘或見止，非其恨妬之心息也，或力不足，或因主不容肆縱，或因己受人勝之辱，圖加力攻之，而姑假息以致人怠忽于防備耳。人至終時，善者幸登天國，魔始無與；惡者墮冥獄，則嘗嘗加刑而不已也。

繇是可知鬼魔分職，槩有二焉。一誘人于邪，至沒不止。而專誘人者，多爲下品之魔。若上品者，各有專惡。因助下品，使易通其計而成功耳。一加刑于人，如胥役之遵主命。或于生時，累勞善類，以去其污而練其德；或殘虐奸徒，令其改圖；或戮罪人，至于身後，加刑永久不止也。若宇内所恒睹公害公患，如國相爭奪，流寇瘟疫，旱雹相接，肆虐人物，江河泛濫，毀屋滅生者，諸等無數之災，各有邪魔專掌。惟聽上主命而動止焉。未能擅肆恨怒也。古耶穌行教時，忽逢一夫，懷負邪魔一群乃六千六百六十六，即命奔出。魔伏求耶穌，容入豬羣。耶穌允之。立時衆魔投豬，豬皆狂奔投海溺死。蓋魔非得主命，未能任害污豢，焉能害人命耶？

卷之三終

神鬼正紀卷之四

泰西高一志譔　河東段袞、韓霖仝較

神鬼能力第一章

神鬼能力有二：一隨本性而具，一超本性。而物主一時特賜，以造分外之奇効。分外超性者無定論。因神鬼惟主所使，則聽命而無所不能故也。兹止言其隨性之能，區部數端如左。

一、神鬼固能移動重重諸天，及天下諸形體也。蓋諸天運旋，必無他作者可指，而于神鬼本性本職，最相稱焉。令神鬼無斯能、無斯動，則于諸下物無與，而不成一統者矣。

二、繇是移動之能，神鬼又能造多効人力所不及之奇異。蓋神鬼至靈，透徹萬物之然，與所以然。則移合其諸所以然于當時當處，必致自生多効，人無繇知也。因是神以分之力，俄能興云、施雨、起風、揚濤、降雹、頹廈、沈舟、崩山、震地，遠者移近，近者去遠。又能著顯異像，假人物之音，或使獸禽語言，木石像移動發光，預言將來人事。是諸等効，非自能造，惟聚合物之所以然者而致之。愚者視之，因無所考，以爲奇而實非奇也。

三、神鬼又能移動人物内血氣，及記含内匿之物像，使人物或思或明向所未思未明，或記或願向所未記未願也。蓋明悟、愛欲等功，多係于秉氣之清濁。則凡去其穢濁，致其清潔，二司之功，必將更精無疑也。又明記之功，係諸物像。神鬼移動是像，或啓或塞是像之道，必致人物或記向所忘，或忘向所記也。至言七情之匿發伸屈者，多繇五外司，内覺司，及于血氣。神鬼明識其道，則惟動其氣，能熾其情，令或怒、或懼、或嗜、或趨、或避、或剛、或柔也。繇是可知，凡從魍魎魘魅之術，致人物病疾顛狂患死等情，是皆繇魔撓亂内血致然耳。

或問：神鬼能人物否？曰：否。蓋從無物使有物者，惟屬造物主無窮之能。神鬼之能有限，自不能從無造人之靈性。又不能自成人之肉軀，及他物之質與模，以至生成一物之正性也。或見邪魔造花卉樹果虫蛇飛禽等類者，非實類，乃幻物，蠱惑人目而引于邪耳。即實物，必非鬼魔所能自造，惟巧合物之諸所以然而致然焉。繇是又知，神鬼移動人物之内司，及内司所含物像，或像所據血氣之流通，自能投夢于人物，令其或寢或寐，似視似聞。且覺實所無有著，如顛狂者，多見妖異而言之是也。又魔能啓塞人物之外司，替分加減，或阻或換，或分物像，使止見其半，或絕不見，或見異色異處異勢等効，是皆屬神鬼之靈知，物勢之誠實，及其移動之速捷也。

神鬼所著身像實否第二章

神鬼每顯著人物形像，聖經屢言之，聖賢屢見之，萬民時時處處驗之，無可疑也。蓋神鬼原爲主使，宣命治世，理人事，欲人喻神意，非間著形跡，莫繇盡職而成功矣。但所著人物之形，未明真實否？夫真實之義有二。其一，凡形不虛幻，目可擊，耳可聞，手可執者，謂之真實。依此義，則神鬼所著形像無不爲真實也。其二，凡物外爲實，而内又應其外所著形像，是謂真實。如人立石像，雖謂實像，非謂實人。依此義，則神鬼所著形像非真實也。蓋真人物形像，必備魂而活，自長育，自動止。若神鬼所顯形像，雖時動止，然自無魂，故非真活也。故聖賢公論定云：神鬼之能，不及造一蟲之微賤。況一人一獸乎？則神鬼外著形體，雖或言語，飲食色像，種種似真，非從內發，惟外所假耳。又真實活形，溫和輭順，從四元行結成。故可久存而難散。若神鬼所假活體，悉無是勢。故易合易散也。

或問：神鬼既奉主命，必著人形，何非真實耶？曰：神鬼屢在人前，倘滯實形，安能任現任隱，使人忽見忽不見哉？惟因時觸事，假借發見。故雖或現實物之形，非如世人實活之形。蓋自不能造，即能亦不須造。上已言之矣。

或問：神鬼所著形體，從何物質？曰：大率從空中浮氣。蓋氣較諸他質料，甚便且順，易合易散，又易受外光外色，及諸異形，以顯示神鬼之意也。但氣甚浮薄，不足湊結實確之形，復加水土精細者，合成實體，仍以所欲色像狀之焉。

或問：神鬼既原悉無形像，特因事借像，乃繪神必以幼年美像，繪鬼必以妖獸醜形者，何也？曰：神鬼雖自無形像，而或所著形像，時時處處，殊異不等。然著顯之時，槩如是也。幼年而美者，示其能力不衰，德性精粹；加以白衣者，示其清潔不污；加以禽翼者，示其速疾宣行主命，所至無阻滯也。邪魔最好垢穢，每計污人。

故上主令著醜像見于人，因率之以改圖焉。故俗繪之，或爲巨蛇惡獸，或爲短老而角其首、鋭其牙、爪其足、刃其手，令人繇外所見惡醜，推其内情，厲虐污濁，因恨避之耳。

或問：人或見死者靈魂，顯像人世，實耶？幻耶？自造耶？抑神鬼代造耶？曰：死者靈魂，不論善惡，而或著形者，于經于理，相和無乖。但是形非能自造也。葢其智能，必不及神鬼。故依聖賢之論，凡人靈魂著形，善者槩據天神造之，惡者槩藉邪魔造之也。但非天主許之。或以進人于善，遏人于惡。亦必不能代造人之實形，以致亡人靈魂實見人世也。故俗所見亡故者之形像，大都爲魔所假，以爽人目，昧人心，實非真形像也〔一〕。繇是聖賢又以類推論曰：天主凡著形像于世，大都非親著也。惟命天神代著，而施其効。葢天主治寰宇之公規，必托神役治焉。此論天學詳之。即凡經中云：天主著顯于人者，槩惟天神奉傳主命云耳。如司吏行政，或賞或罰，而俗云君王行政賞罰是也。倘天主實欲親著顯于人前，亦于理無悖。聖賢但依公規而論耳。

〔一〕此字底本模糊不清，據梵蒂岡圖書館藏本補。

神鬼相通心意如何第三章

聖教中諸賢，論及神鬼相通相接如何？以爲甚難。蓋神鬼既爲至靈，不能不相識。相識未免交接，而彼此相通心內之密意也。但神鬼原無形色，亦無聲音，則其相逢，繇何而通心志乎？依古近實論，人類屬形，必繇耳目聲色，然後志欲可傳而通焉。若神鬼既不屬形，必以神用。不繇耳目聲色，而相值相識，靡不炤知，比耳目聲色之相通更疾更真更精。其間彼感此應，彼呈其心，此對炤鑑，無爽無滯也。試觀人中靈慧者，尚不借詞語，不動顏色，而意相領悟，況最靈之神鬼乎？原不著形，何用造形，以互相示耶？故弟尼削聖人論神品交言，而因相傳上主之命云：其諸上品者，啓發其心志，致下品者對炤而知之。如鏡對鏡，無不相炤相傳所含物像是也。

或問：神鬼著形時，凡言語飲食，或交感生育等，同于人否？曰：否！蓋人所行者，皆從內性發而外體應之，自有相應器具，如外司諸司等。若神鬼所造形體，非真活體，所狀諸司，非正司。蓋真活體，惟繇正魂而活；正司惟據正魂而施其効。若神鬼所借形體必無生活之內機。故其所言，所行人事，非正人事。惟移動合湊事物之所以然，致人聞見以施主命，而盡職分也。聖經誌一宗天神，奉命降世，引指一名聖之孝子，執其要務。務畢，父子感恩，將厚謝之，而不知爲天神也。天神乃明言曰：吾向雖在爾輩中，言行、食飲、交接，如人實非人也。奉上主命，特拔拯爾。爾輩激謝主恩，而傳其聖名于萬世可也。言畢歸天，不復見。

神鬼有定方所否第四章

依性、天二學，受造之物，不論屬神屬形，既皆有性體之定分數，及定能德，必亦有定方所，定界限，不可越也。葢凡物所充方所，必應其物體物德。獨造物主，聖性無際，其德宏全無限，故并無定方所，而于宇内宇外無所不在焉。神鬼既爲受造之族，未能處處而在，必有定所矣。但神鬼各品，性德殊異不等。故其性體所充之位所，與其能德所至之限際，亦不等。至詳各品能充之方所，從下逮上，一神未能充斯寰宇之大也。葢聖賢論責辣斐諾上品之居所者，嘗言其從此移彼，從彼移此。因推其必非隨處而在，充滿寰宇。況諸下品之神乎？又依聖經所載，聖賢所定云：天神凡居天上時，必不居地下；凡游地下敷命時，必不在天上矣。但緣各神品性德之分數不可測定，故各神之居所，亦難定焉。所可定者，惟守國都郡邑諸地方者，則見在其中，而充其所。如地方廣闊百千萬里，神體無幾何之數，故不分而居。大所之間猶存微點中，如人靈魂雖充大軀之百體，然能全存各體之中。因謂全在全體之中，又全在各分之中是也。繇是可知，神鬼所充居所，其居所之分，自宜相連。否則神鬼必將踰越性德之分數，而施効過其限也。如人靈魂，必欲其所充值百體相連。若相隔，必將不充，而或在或不在矣。

神鬼衆多能并居一所否第五章

依性學屬形之體，既有幾何分數，而充形所，則多形體必不能相容于一所之內。因形物相窒，不能相通故也。若屬神之物，悉無幾何分數，故于一形所內，多可相容無碍也。試觀靈魂徧通其形體，而邪魔多附而并通其體焉。又稽聖經所誌，古昔一人之體，負懷六千餘魔，而未嘗見有阻。則衆多神鬼，能并居一所明矣。

或問：神鬼既自定其所，未能徧在，則焉能瞬息從天降地，頃刻之間，飛走百千萬里耶？曰：神鬼之性德，力量宏大，非人世之力可比。則其移動之疾，亦非人思可及也。試觀掌運日輪天神,俄頃之間,動使其旋行四千數百萬里。而其日輪,從始出天平線時,至出盡,實行五百數十萬里。葢是數正爲日輪之徑也。若神于一時之微,能運一天之大體,如是疾速。則其神之本體,既無形碍,移動之速,安得以思及?或以言述乎?

天神魔鬼之辨第六章

或問:天神與魔鬼,性力既同,繇何可辨各類之効耶?曰:向者吾友龐子〔一〕已詮其畧〔二〕。余將借其要,以全神鬼之論焉。夫辨天神魔鬼之正効,古近聖賢以爲甚難。因魔鬼好僞,多假借天神之跡故也。雖然,依聖賢所試所遺之規範,觀事理,審言行,亦畧可得而測焉。凡天神顯現人世,必待主命。其所顯于事者,必大必要;其顯際之狀貌,必嘉美可敬可慕;其語言必順道所傳于聖賢者,皆要務聖旨也。

〔一〕即龐迪我(Diego de Pantoja,一五七一——一六一八)。
〔二〕指《龐子遺詮》第四卷《詮天神魔鬼》。

德，提訓世人，惟圖改悛，誠信愛望事主，不令禮我、祭我；使人凡所得，或德、或智、或力，皆歸其主；不私不居，隱跡自修；不求知干譽，惟其罪過是認、是承；好人攻責，以致改遷。又令人避傲蓄謙，甘下于人，受屈忍難，稍不怨尤；又令人好濟窮乏，自薄厚人，輕世間諸景，重天上真福，與真福所以可得之道德焉。凡若此類必皆天神所遺正効。一有反于是者，則可疑非天神所爲也。若魔鬼之跡，殆異于此。其著顯自擅，好闇避光，隨妖喜恠，震蕩人心，紊亂善俗，嘗經正法，啓人長傲，好異絕衆。其言非致驚嚇，即致媚悅；莫非矜恣貪淫，矯誣恠誕之邪徑，以搖其心，敗其德；或示以推測卜度，如星相諸家；呼喚召遣，如符咒諸術，以至迎方、遁甲、選日之類，謬擬吉凶，可以預定，可以避趨；或示以採女益男，養沙煉藥，得之不死，以文其淫貪；或示以存神守氣，呼風吸露，可以行空避穀，使人不畏死後之永殃；或現莊嚴佛像，巧言慈悲，令人冤親平等，犯悖倫理，自甘邪僻，禮祀俗神，謟媚諸佛，不難焚肢體，隕性命。其中百端妖異，蠱惑人心，難得罄悉。此皆魔鬼之効也。若人不甘自欺，奚難察哉！至言魔鬼假借天神美狀嘉言之時，欲辨真僞，不爲狡魔所欺，先當虛心祈求上主開牖，精察審別，必有所露。大都其形之異，冠角履爪；其言之嘉美，原屬假借；其變幻之跡，多冒爲天神以惑衆，後乃徐行邪意，藏匿毒害于内。

總之,百言小善其益輕,一言大惡其害重也。先以小善結信于人,然後挑之以大惡。其心跡多虛浮不實,或稱揚我善而令我傲,或寬假我畏而令我蕩,或拂抑我行而令我擾。密切察之,有一于是,則非天神,實爲魔鬼無疑也。葢恐其醜情虐意泄露,人或防避不從,故以狡計僞像文飾之耳。

敬神防鬼當如何第七章

問:依諸上論,天神慈愛人類,時時施諸恩澤,難以言盡。邪魔恨妒人世,時時蓄毒害虐,亦難以筆述也。則欲感佩天神之恩德,而報其情;防避邪魔之害患,而杜其計,當如之何?

曰:感佩天神慈愛護守之洪恩,必以心虔誠信愛,以言篤實稱譽,以行恭慤敬事,無間無怠。按聖經與聖賢所傳天神之性能、智力、美德、奇效,則不敢不篤信,因愛慕也。愛慕之心既誠,無不顯于言。即每稱譽,凡遇順境,必謝其功;遇逆惡,必禱其祐。于疑求釋,于憂求慰,于難求提,于易求引,于乏求庇,未敢失望也。既以言証其心之虔情,又以身之行動,致其恭慤,每朝禮焉。從其訓論,不敢違逆;傳其功德，令人知之，因并致其恭敬。或爲援窮乏，或爲啓愚蒙，施諸哀矜之情，以酬吾神所施恩德于我，未嘗敢怠。是皆敬愛天神之心，而報其萬一也。

至言所以禦邪魔之毒計，及其厲虐法，莫善且便于托上主之慈庇，而絕諸惡之端矣。蓋邪魔力最大，智最巧，計最密，人力萬無可當。所畏者，惟天主及所寵聖賢而已。蓋罪惡爲天主所甚恨，邪魔所甚愛。凡人染惡犯罪，天主即棄而讐之。邪魔則至而奴之。人至被魔服奴，能不畏懼而防之耶？若能立志向主，執誠絕端，則魔無自入，何畏之有？又能誠心行三德之功，篤信天主，感其洪澤，致其愛慕，托其庇，望其祐，而盡其在己，不疑不間。是則天主所愛所欲于我，而魔所忌所欲絕于我也。古之大聖安當以己所屢試，訓其門弟子曰：人所以克魔而脫其網者，惟謙與切愛慕天主，而因克己之私。蓋魔鬼最傲，恃己憎主，則以謙與愛之情，反而敵之。猶以藥石對病而除之也。繇是可知，凡圖避魔害，或用符咒等術，非止無益，反召魔而罹其害矣。蓋以魔攻魔，以邪攻邪，安能令其畏服，而免其害耶？倘用是術，而魔或去，更無輕信之，非果去也。佯敗誘爾，其後險愈深，害愈甚焉。

或問：聖教中人，多用聖水、聖匱、十字聖號等辟魔，是謂之何？曰：是等諸物，天主實加以是能，虔誠者每驗，無可疑也。若或妄遵他道，心蒙不潔，行跡不正，規誡不持，內不合主，外不和人，雖有聖物，亦未必効。即或見効，惟上主以至慈悲，繇是遏人于惡而迪于善而已。蓋邪惡之徒，皆魔之役奴；蓄罪之心，乃魔之安宅。人不改圖，而執魔業，愛惡德，安能憑藉外物，而免其害哉？故經中天主謂衆曰：非凡稱我吾主吾主，將免墮獄而登天國，惟奉吾命而持其誡者，殆庶幾也。

卷之四終

天主教要注略

葉尊孝撰　姚大勇整理

提要

《天主教要注略》一卷，清初來華天主教傳教士葉尊孝撰。

葉尊孝（又名葉宗賢，Basilio Brollo，一六四八—一七〇四），意大利方濟各會神父，一六八〇年入華，一六八四年抵廣州，曾在兩廣、湖廣、江南等地傳教遊歷，並學習漢語，瞭解中國歷史與文化。一六九二年到南京，於傳教之餘開始編纂《漢字西譯》詞典，歷時八年方始成稿，爲迄今流傳最廣的一部中文—拉丁文詞典。一七〇〇年赴陝西傳教，後因疾在陝西去世。

在華耶穌會曾共譯《天主教要》，選擇天主教經文中的重要名目，如《聖號經》《天主經》《聖母經》《信經》《天主十誡》等，略加詮釋，以展現天主教基本教義。《天主教要注略》與《漢字西譯》約撰於同時，皆爲葉尊孝在南京時所作，系在《天主教要》基礎上，再加解釋疏通而成。是書先介紹『天主』『天主教』『天主教要』，然後分別對包括《聖號經》《天主經》《聖母經》《信經》《天主十誡》等在内的十八個天主教名目進行解釋,且對每一名目中的相關詞語句子也予以説明。編撰形式上仿中國經書的注解體例,每一條首以大字標明要解之名目或語句,再在其下用小字予以注釋説明。全篇對經文名目的解釋力求簡約明晰,如對『天主教要』的解釋爲:『天主教之道,聖廣至深,無數聖賢解之而不能詳盡。雖然,衆人要奉事天主而救自己。該明知者,總歸四端,謂之「天主教要」:宜信之事一,宜望之恩二,宜行之功三,蒙罪赦聖寵神力之則四。宜信之事,載於《信經》。宜望之恩,載於《天主經》。宜行之功,載於《十誡》。蒙罪赦聖寵神力之則,載於《領洗》《告解》《堅振》《領聖體》等吾主耶穌所定聖事之蹟。是書設聖教經文,而略註此四端之大義。』不惟點明天主教之要義,且標出全篇之脈絡。再如對《天主經》的釋義也堪稱精練:『此經乃天主降生親授與宗徒,教訓衆人祈禱天主之善法也。此經包含七求,可求之恩或屬身,或屬神,或屬今世,或屬身後,無不在其内也。』而對《天主經》名目中『亞孟』一詞的解釋亦顯豁易懂:『此二字乃西音,有證己實意之意。凡求後念「亞孟」,譯言吾願吾望,必如前所求也。』另外在《天主十誡》和《聖教四規》名目中,不惟對『十誡』和『四規』分别做了説明,而且對『十誡』和『四規』中的每一條,也都予以解釋,以利于信衆對

『十誡』和『四規』的理解與遵行。要之，是書注教釋義，通俗簡明，作爲入門之階，實有助於初學者对天主教經義的把握。

此次整理，據大象出版社二〇一四年出版《梵蒂岡圖書館藏明清中西文化交流史文獻叢刊》（第一輯）中影印的清刻本《天主教要注略》進行標點。

天主教要注略

泰西聖方濟各會士葉尊孝著

天主天主者，生物之根源也。超越衆類，而衆類咸從兹而生焉。未有天地之先，惟有此至尊無對之一大主。以其全能，從無造成天地、神人、萬物，時刻保護迪引，令萬類各得其所，而常爲之主宰。論其妙性，至神至純，無始無終，無形無像，自備自滿，有物不增其榮，無物不減其福。彌六合而六合不爲邊際，體萬物而與物不雜。其能其知其善，本無窮盡。且又至公至義，至仁至慈。從其命，以常生之福賞之，逆其命，以永苦之殃罰之。故宇宙内之萬民，皆當認識奉事。以得所備之榮福，而免可懼之永苦。

天主教天主教者，乃天主所立之教也。設教之本意，是引人在世，爲善避惡，欽主相愛，去世昇天堂。人所當止，常生榮福至善之所也。然教者，脩道之謂。道者，率性之謂。性者，天主所命之謂。天主生人，賦之以靈性，賜之以明悟愛欲，可以知善而趨，知惡而避。但人犯罪，其明悟昧於當知之事，愛欲弱於當行之善，是故不率性不脩道。緣天主大父之仁慈，要救人，即降教，故謂之天主教。能去人之昧，而加明於所當知。扶人之弱，而加力於所當行。使之率性而脩道，去舊染而自新。今能成子臣之分。然後受大父大君所備無窮之報矣。試觀造成天地者，惟一天主。生養人物者，惟一天主。治物理人者，惟一天主。治物以命，理人以教，立教豈係於他耶？人人止有一性，率性止有一道，脩道豈有二教哉？他教雖多，賦性者所設，惟天主一教，至公至正。此教之外，並無他教救人也。

天主教要天主教之道，至廣至深，無數聖賢解之而不能詳盡。雖然，衆人要奉事天主而救自己。該明知者，總歸四端，謂之『天主教要』：宜信之事一，宜望之恩二，宜行之功三，蒙罪赦聖寵神力之則四。宜信之事，載於《信經》。宜望之恩，載於《天主經》。宜行之功，載於《十誡》。蒙罪赦聖寵神力之則，載於《領洗》《告解》《堅振》《領聖體》等吾主耶穌所定聖事之蹟。是書設聖教經文，而略注此四端之大義。

《聖號經》此經乃奉教者之號也。因吾主耶穌釘死十字架上，伏邪魔，贖人罪，開天門，得聖父降福於人，故奉教者，用此號以顯己信，退魔鬼，息邪情，而得天主救於肉身、靈魂之諸害。

以十字聖架號。 念時，以右手大指，畫一十字於額上。

天主我等主。 念時，亦用大指，畫一十字於口上。

救我等於我讐。 念時，如前式，畫一十字於胸前。

因父及子，及聖神之名者，亞孟。 念時，撒開手指，從額至腹，從左肩至右肩，畫一大十字。額上念父，因父是三位中第一位。腹上念子，因子是爲我等降母腹取人性。指左肩至右肩時，念聖神，因聖神是父子同發之愛也。父子聖神，解見《信經》。名者，譯言權也，能也。三位只有一體一性，一能一權，故名者，只一名也，非三名也。

《天主經》 此經乃天主降生親授與宗徒，教訓衆人，祈禱天主之善法也。此經包含七求，可求之恩或屬身，或屬神；或屬今世，或屬身後，無不在其内也。

在天我等父者。 此節勉勵求者之望也。天主造成吾人原祖，賦我靈魂，養我身神，教吾真道，備常生榮福以授於人，豈不爲吾等無比之慈父乎？子向如是之大父，可不望父準子之所求乎？曰在天者，天主無所不在，但天堂爲天主顯其榮光之所，孝子所歸，以享大父所備之真福，故曰在天。

我等願爾名見聖。 此求天主顯其聖名於天下，使世人皆知其性之妙，敬畏其全能，愛慕其全善，而普世欽崇大主之聖名也。

爾國臨格。 爾國者，天堂也。今求天主賜我等身後，皆得享天堂之榮福也。

爾旨承行於地如於天焉。 爾旨者，天主聖意也。此求天主賜普地之人，專務合於天主聖旨。如在天天神、聖人，無時不全依臨主之意也。

我等望爾，今日與我，我日用糧。 日用之糧有二樣。肉身之糧，衣食是也。靈魂之糧，善德、真道、聖體是也。今祈天主賞我等所需之物以養身，又求賜神恩，以日進於善而養靈也。

爾免我債，如我亦免負我債者。 我債者，吾罪也。因《聖經》内天主預訓曰：『人若不赦我人之罪，不可望天主赦其罪。』故求天主赦我之罪，而曰：『如我亦赦得罪於我者。』

又不我許，陷於誘感。 魔鬼、肉身、世俗，爲人之三讐。因常引人行不善，故求天主加我神力，能勝三讐，免陷於其誘感。

乃救我於凶惡。 凶惡者，肉身患難，靈魂之諸害皆是也。此求天主大發慈憐，而全救我於身神之諸凶也。

亞孟 此二字乃西音，有证己實意之意。凡求後念『亞孟』，譯言吾願吾望，必如前所求也。

《**聖母經**》聖母者，天主降生之母也，乃爲世人之主保。罪人欲天主准其求，虔誦此經，懇禱聖母，托聖母轉達其全能聖子，無有不可望之恩也。

亞物禮拜慶賀之詞。

瑪利亞聖母名號，譯言海星也。引人行世海之路，而直向天堂永福之岸也。

滿被額辣濟亞者。額辣濟亞者，天主聖寵也。天主寵愛全滿聖母之靈，與他聖不同。他聖無不染原罪，生平亦難免無小罪。惟聖母所蒙天主之聖寵最大，使其不染原罪，而其生平亦無微罪之影，故曰滿被聖寵也。

主與爾偕焉。主，天主也。天主無時不保護聖母，使能全天主聖母之高位，賜之以衆善德諸神恩，俱與聖母之高位相稱也。

女中爾爲贊美。女人之中，受天主之恩者，無如聖母也。凡女人生子者，不能童身，童身不能生子。聖母亦生子，亦存童貞。因所生之子，不但是人，亦是全能天主，故女中惟聖母愈可稱頌也。

爾胎子耶穌，並爲贊美。耶穌實是萬物真主，萬福真原，天神、聖人所永讚頌。但耶穌既爲聖母所生，其榮光必歸於生之之母也。

天主、聖母瑪利亞爲我等罪人，今祈天主及我等死候。 此求聖母之詞也。聖母既爲天主之母，故其所禱無不可望，全善之子豈能辭至聖之母轉求乎？今者此世也，求聖母，今世代祈天主，免身神之凶惡。死候者，甚迫之時，天堂、地獄分路之際也。故常懇聖母，此時爲我之主保，可免邪魔之誘害，而直到天堂永福之所也。

亞孟解見《天主經》。

《信經》此經乃奉教者該知，而誠信超性之道理也。十二位宗徒未散於天下傳教之前，公仝撰之，以爲真道之準則，認真主之明證也。

我信全能者天主罷德肋，造成天地。 我信未有天地之先，獨有一天主，無所不能，天地、神人、萬物，皆由其全能而生，而存，而制。然天主一性包含三位，第一位罷德肋，譯言父；第二位費略，譯言子；第三位斯彼利多三多，譯言聖神。三位只有一性一體，故其是惟一全能、全知、全善天主。

我信其惟一費略，耶穌基利斯督我等主。 我信耶穌基利斯督，實爲天主父從無始所生惟一之子。所謂父子者，非如人世夫婦而生子也，乃如人明想自己，而內即生自己之像也。但人所生之像，非活而不能存，亦真非人也。天主所生之像，是活而常存，亦真是天主，與父同體，同能，同知，同善，其爲萬民之主。此天主父所生之王之王也。

子，降生後名曰耶穌基利斯督。耶穌者，譯言救世也。基利斯督者，譯言教主也，萬

我信其因斯彼利多三多降孕，生於瑪利亞之童身。我信耶穌基利斯督一位，不但爲真天主，亦真是人。因取人性於聖母瑪利亞凈胎，其受孕不由人道，乃因聖神之神能。故聖母雖生耶穌，常是童貞。論耶穌爲人，有母無父。論其爲天主，有父無母。

我信其受難於般雀比辣多居官時，被釘十字架，死而乃瘞。我信耶穌爲補贖萬民之罪，自甘受苦受難，被釘十字架，盡流寶血而死，死後聖屍葬於墳墓。般雀比辣多在如德亞國爲官之時，耶穌受此苦難也。

我信其降地獄第三日，自死者中復活。我信耶穌死後，其聖魂降於古聖靈魂之所，親救之使享真福。至第三日，聖魂歸於墳墓，仍合於身，大發榮光，復活而出。

我信其昇天，坐於全能者天主罷德肋之右。吾主耶穌既復活，在世四十日，現於教衆，訓誨宗徒，定立教規，命宗徒佈教於天下。然後在一百二十聖人之前，停午昇天，坐於聖父之右，猶言與全能天主父，同享無窮之榮光，而爲萬物之主宰。

我信其日後，從彼而來，審判生死者。我信世界窮盡之時，耶穌從天降來，大顯

其全能光耀威權，審判萬世萬民，斷其善惡之永報。

我信斯彼利多三多。 斯彼利多三多，譯言聖神，即是聖三内第三位之稱，發於聖父、聖子者，而與聖父、聖子，同能，同知，同善，同性，同體也。

我信有聖而公，厄格肋西亞諸聖相通功。 我信普天下只有一會，至公至正，包含天下信從耶穌聖教之衆人也。此會爲聖者，因立教者乃衆聖諸善之根源，從之而爲聖者甚多，其道理規誡亦無不聖也。爲公者，因普天下之人，無不受造於上主，又爲吾主耶穌贖脱於魔鬼之手，故無論貴賤、男女、老幼等，皆當奉其教而守其規誡也。在會者，相通其功，如一身之四肢百節，俱享一肢一節美善，如口食美味，一身百肢皆得其樂也。

我信罪之赦。 我信聖教會中，有赦罪之真禮。人進此教，有領洗之禮，全免以前原罪、本罪。進教後，或有再犯，又有告解之禮，可得諸罪之赦也。

我信肉身之復活。 我信世界終窮之日，往古來今已死之人，無不復活。其靈魂或從天而來，或自地獄而出，與其原舊之身，再相合而成原舊之人。因人之善惡，靈魂與肉身同爲，故復活後，肉身與靈魂，亦同受善惡之永報。

我信常生。 我信復活後，人再不能死，或昇天常享無窮真福，或下地獄而受永永無窮之苦難。

亞孟譯言真是也。此十二端無不真實,我無不實心而信也。

《天主十誡》此《十誡》,乃造物主初銘於人心之理,後書於石板,命人遵守。迨降生時,又親口叮嚀。守者必得永賞,不守者受永罰。

第一誡:欽崇一天主萬物之上。萬有無不由天主全能而生,全知而制,全善而存,故天主超出萬有,而敬之信之,望之愛之,亦必於萬有之上也。然天主惟一,故不論何神何人,何物何佛,斷不可認之爲主,不可以敬主之禮崇奉之。但天主之下,天神、聖人,既爲天主所愛、恭敬之,如下民,恭敬朝廷所愛大臣,不爲犯誡也。若論邪神、仙佛等,彼既不認天主,或命人認己爲主,敬拜之,信其邪道,妄望其佑,即違此誡。另有算命起課、相面風水等術,亂人正道,惑人之心,不篤信望愛一天主者,皆違此誡也。

第二誡:毋呼天主聖名以發虚誓。呼天主與聖人之名,而證不真非理細微之事,總以言語侮慢輕忽天主,正違此誡。或在天主、聖母、聖人前許願行何善,而不踐其願,亦犯此誡。

第三誡:守瞻禮之日。瞻禮單上有圈瞻禮,俱該嚴守。到堂聽彌撒,停止百工，爲能專務靈魂之事，感謝天主之恩，求加聖寵，可得靈魂、肉身之福耳。若不得已而不能聽彌撒、停工，無罪。但無故不聽彌撒，不停工，正犯此誡。

第四誡：孝敬父母。父母有不等者，有生身父母，治身父母，授業父母，及管靈魂之父母，謂之神父，皆當孝敬。然孝敬之道，不但在心口，而必須守法聽命。生身父母之所需，子該竭力供給，不然，犯此誡也。父母不盡其道，不教子爲善，不指引於真福之路，亦犯此誡。

第五誡：毋殺人。怨恨、惱怒、打傷，無公權而殺人，無論何等，凡害人肉身者，皆違此誡。如有怨自殺，墜胎，丢棄兒女，及淹殺者，其罪愈重。

第六誡：毋行邪淫。一夫一婦之外，不論行何等邪淫之事，俱犯此誡。如喜看淫詞艷曲，喜聽邪淫之談，喜講邪淫之話，亦屬此誡所禁。

第七誡：毋偷盜。明偷暗騙，取非義之利，害人之財物，皆犯偷盜之罪。欲天主赦此罪，依己力量，必須補還方可。

第八誡：毋妄證。妄證、説謊、毁謗、諂媚，總之以言害人者，皆屬此誡所禁也。

第九誡：毋願他人妻。天主欲去人犯六誡之根，故於此誡内，嚴禁邪淫之念。或願行，或喜想邪淫者，雖不行，犯此誡也。

第十誡：毋貪他人財物。此誡亦絶去犯七誡之根。天主既不許人偷他人物件，亦不許心内有願，非理而得他人之財物也。

右《十誡》，總歸二者而已：愛慕天主萬物之上，與夫愛人如己。

向天主三德此三者，乃天主所賦超性之德，立人於本性之上，而正其靈魂於向天主之事也。

信信德，使人知其真福之終向，而無絲毫疑惑，一心伏於天主傳示之諸端也。

望望德，使有信德之人，定望天主所許事之者之真福，並各樣向真福有益於靈魂之恩也。

愛愛德，使有信、望二德之人，愛天主、萬物、衆人，自己之上。寧失天下之物，寧受人怪恨，寧絶有己諸欲，斷不敢違天主聖旨。又因天下之人，皆屬天主所生，皆同向天堂之永福，爲天主愛之，亦是愛德之效也。

哀矜之行成愛人如己之誡。聖教設哀矜之功，一十有四端，七屬形，七屬神。我如此愛人，天主亦必如此愛我也。

形哀矜七端

一，食饑者。二，飲渴者。三，衣裸者。四，顧病及囹圄者。五，舍旅者。六，贖虜者。七，瘞死者。

神哀矜七端

一，以善勸人。二，啓誨愚蒙。三，慰憂者。四，責有過失者。五，赦侮我者。六，恕人之弱行。七，爲生死者祈天主。

《聖教四規》聖教會欲人嚴守《十誡》，公建《四規》，確當遵守。

其一，定與彌撒之期，欲人以外禮，而證其恭敬天主之實心。

曰：凡主日及諸瞻禮之日，與全彌撒。

其二，設克私慾之法，以勉人不至犯誡。

曰：遵守聖教所定齋期。

其三，或有人犯誡，教之不懈於滌罪之神工。

曰：告解，至少每年一次。

其四，定領聖體之期，欲人得神力，可勝三讐而全依天主聖旨。

曰：領聖體，至少每年一次，即復活瞻禮前後。

第三、第四之規，見後聖體告解二聖事蹟之内。第一、第二，略注於後。

彌撒

彌撒者，祭天主之大禮，吾主耶穌所定，以恭敬天主，息其怒，謝其恩，求其澤，補我罪。此五者，彌撒之大略也。人所行之善功，莫大於與彌撒。夫人之功，雖無欠缺，然亦有限。彌撒時，乃吾主耶穌親降，爲我等獻自己無窮之功勞於聖父，而更願通之於與彌撒之人。故當時所行之善功，合於吾主無窮之功勞，必超他善、他功，而與一己之功，更增萬倍。欲敬天主，當是時，吾主代我敬；欲謝天主，吾主代我謝；欲求天主，吾主代我求；欲補其罪，吾主獻己苦難，以代我補；欲愛天主，悔己罪，吾主代我愛，代我恨諸罪也。夫如是，有何善功，可比與彌撒之功乎？是故，聖教會欲在教者日進於善，日享主恩，日補其罪，以大禮外顯其恭敬天主之實心。命之每逢主日，及諸瞻禮日，與全彌撒。無故而不依聖教所命，必獲重罪也。

與彌撒時，斷不可東顧西視，而生厭怠之心。此時聖臺上肉，目雖不見，而吾主實在焉。天神洋洋而降，肅肅而侍，吾人可不恭敬乎？故宜閉外誘，齊内思，使心不至於散亂，乃思天主恩我、愛我，爲我受苦。如此而與彌撒，必大有益焉。不然，難免輕褻之罪也。

齋義

聖教定齋禮，本欲人克私慾，齊心志，而補其往罪耳。故奉教者，不可負聖教玉成人善之深意也。然齋有大小二等。小齋只戒禽獸之肉，而水族等物，無論多寡，早晚皆可用也。大齋不然，不但禁食禽獸之肉，並不可用早飯，止許午間飽餐，晚間略用點心，大約不出五六兩之數。至於茶酒之類，雖不礙於齋，若過度，不免貪饕之罪也。

論有病者，貧窮、飲食不繼者，孩童八歲以前者，大小齋皆可免而無罪也。論二十歲以前，六十歲以後者，有孕及乳兒者，步行遠路者，力田者，勞力甚者，大齋可免，小齋不可免也。

聖事之蹟已前《天主經》《信經》《十誡》内，略注宜信、宜望、宜行之事。玆舉第四要端，即是《聖事之蹟》。仁慈天主所立，以便人遵行而得罪赦。聖寵神力，可勝三讐，可得所向之真福。

聖事之蹟者，乃吾主耶穌所定有形之外記，以表無形聖寵而生之於人靈魂之内也。曰吾主所定者，因天主之下，無人能立生聖寵之跡也。曰有形之外記者，因人在世，欲明無形之神物，必以有形之像比之方可。故天主欲賜人無形之聖寵，亦用有形之外記，引人明知所蒙無形聖寵之恩也。曰以表無形聖寵，而生之於人靈魂之内也者，聖事之蹟，不但爲聖寵之記號，天主又賜之生聖寵之能也。所謂聖寵者，天主所賦無形之恩，立人爲聖，今世爲天主之義子，死後同大父永享榮福。然聖寵者，諸聖事跡之共效也。其外領洗、堅振、神品三者，另有他效，即是神印，天主所賦與領者之靈魂，永遠不滅。故此三聖跡，只可領一次，後不可復領。吾主耶穌所定聖事之蹟有七：聖洗、堅振、聖體、告解、終傳、神品、婚配。每件之效驗不同，列後。

聖洗

聖洗者，乃吾主耶穌所立之禮，以洗靈魂污穢，全免應受之罪罰，使人始得超性之生命。曰吾主耶穌所立之禮，此聖事蹟之共由也。以洗靈魂污穢等語者，聖洗之本驗也。靈魂污穢者，罪過也。罪有二等，有原罪，有本罪。原罪者，自原祖遺於衆人也。本罪者，人自作之罪也。此二罪與相應之刑罰，領洗時俱全免。使人始得超性之生命者，因人之生命有二。一是靈魂爲肉身之生命，能使肉身運動行事，用五官覺物故也。一是聖寵爲靈魂之生命，能使靈魂爲善立功，行真福之路故也。靈魂乃肉身依性之生命，聖寵乃靈魂超性之生命也。領洗時既始得天主聖寵，赦免其原罪，而活其靈魂，故謂使人始得超性之生命也。

行聖洗之禮，以水洗人之額，並誦吾主所定之經言云。

我洗爾，因父及子，及聖神之名者，亞孟。手洗口誦，俱要相應，不可先後，並不可增減一字。

傅洗，乃本堂神父之職。若遇急迫之時，不論何人，皆可從權傅洗。但傅洗之人，須立意願行聖教會所行之規，或吾主所立之禮。

受洗者，或自幼顛狂，如未能分別善惡之孩童，此等之人，既無本罪，雖無本意，亦可受洗。或有能分別是非者，此不但該有領洗之本意，並先要信聖教要理，棄絶邪教諸妄，痛悔所犯諸罪，定意不敢復犯天主之命，然後可領聖水。論聖教要經，即是《聖號經》《天主經》《聖母經》《信經》《十誡》。無論老幼，能學者必當習熟，而後進教。若懵懂之人，不能習學者，雖不習熟，亦可領洗也。

堅振

堅振者，乃吾主耶穌所立之禮，以增人聖寵，堅人信德，固人神力也。增人聖寵等語，皆堅振本驗也。既曰增人聖寵，即可知領之者，必須先有聖寵而再加也。故有大罪者，不可擅領。先當告解，或發上等痛悔，不然，雖領堅振之神印於靈魂，不但不獲聖寵，而反大得罪於天主。曰堅人信德，固人神力者，此言明解堅振聖寵之效也。即是堅壯已領洗者之信德，使之無懼凌辱，不怕苦難，不畏魔計，人前不敢不認吾主爲真主，其教爲真教。

成堅振聖跡之質，乃主教祝聖阿理襪油，與巴爾撒摸二者相和也。行此禮時，畫十字於領者額上，而頌吾主所定之言。然此禮惟主教得行之。

領者或是孩童，不能記得領否，其父母或代父該用心代記，待有知識與之講明，不使復領。因此聖蹟既生神印於靈魂，永遠不滅，故不可再領。

聖體

成聖體者，吾主耶穌所親定之禮，以藏己身己血於餅酒形像之內，並使其餅酒之體悉無，而以己身代餅，己血代酒也。 所謂己身者，非死身，乃耶穌昔日生於聖母，今現在天堂之本身也。故其身內有聖血，亦有靈魂。又有天主第一位爲己位，亦有天主性與父及聖神之兩位，不離子之位也。所謂己血亦然，血在身，身有靈魂，身、靈是合於天主第二位。第二位有天主性，而不離第一、第三位也。所謂餅酒形像者，乃其色、香、味等，五官所能覺知之物也。成聖體時，麪餅、葡萄酒之體雖悉無，但其形像尚存，而內實藏吾主之體，代餅酒之體也。

聖體者，吾主耶穌真人、真天主之全體。祭主誦吾主所定經言後，實在麪餅、葡萄酒形像之内，以存人超性之生命，養人靈魂，醫其神病，熱其愛德，合人於天主。 以存人超性之生命等語者，聖體所發之奇效也。吾主欲解聖體之妙義，比之飲食。飲食能存人生命，養其肉身，醫其疾病，增其血氣變化而與人身爲一。平常飲食如此有益，天主之體，豈不如飲食乎？所以耶穌聖體入人心内，通己功己德己體於人，不但勉之不犯死罪，而存超性之生命，且增聖寵而養其靈魂，加聖祐而醫其神病。又使之同向一天主爲父，一天堂爲鄉，一真福爲常生之業，而熱其愛天主之情，總合人於己。如是大恩，豈不出人之望外？此聖體妙效之略也。

依上理而推，别知聖體與其他聖跡不同。其他聖跡行時即有，行畢即無。聖體不然，麪餅、葡萄酒之形像存，吾主聖體亦存；餅酒之形像壞，吾主之體不壞，而實不在此已壞形像之内也。

成聖體者，司祭之本職也。所用之餅，必須小麥浄麪爲之。所用之酒，必須葡萄果釀之。其他麥、他酒不可用也。

受者在教之人，能略明聖體之禮，而虔心願領者，皆可也。但未領之前，若有大罪，必要告解，不然，罪上更加大罪。又領聖體之本日，自子正時至領聖體時，滴水不可下明。病重者雖用飲食，亦可領也。領聖體者，宜先用神工，以克私慾，認己之鄙陋，主之尊貴，而熱己愛，固己望，堅己信，祈主之恩祐，求聖人之轉達。如此虔誠，愈受聖體之洪恩也。領後亦要用心祈禱，不失蒙恩之機會。全能天主既入我心，此時正是求所需、謝蒙恩之時也，愈求愈得。

聖教會定領聖體之期，至少每年一次，即是耶穌復活前後。在教者若懈惰不依此規，必獲重罪。若熱心愛主之人，每月求領一次，或幾次，愈合聖教會之公意，愈得天主洪恩也。若有病重臨終者，遇有神父之便，必要求領聖體。或不得神父之便，立真切願領之熱心，亦可補不得實領之缺也。

告解

告解者，吾主耶穌所定之禮，以赦人領洗後所犯之罪，復賦聖寵，使已失超性生命之靈魂再活，而免應受之永罰也。此至慈天主立告解之聖意，所以別於他聖事之蹟耳。

曰以赦人領洗後所犯之罪，因未進教者之罪，天主定領洗之禮赦之，故惟領洗後之罪，本屬告解所赦也。

曰復賦聖寵。人犯死罪，即失聖寵。告解時，既蒙罪赦，復獲聖寵，使已失超性生命之靈魂再活。領洗時初活，因纔得聖寵，告解時再活，因失聖寵後，再蒙天主洪恩而復賦之矣。曰免應受永罰。（比）〔此〕恩與聖洗免罪罰之恩不同。領洗者，雖前有無數重罪，洗時全免應受之罰，故領洗後未犯罪而死，即昇天堂。告解不然，雖免於死罪相稱之永罰，但還留有限之罰。然此罰告解後，必該全補，纔得昇天堂，享永福焉。告解者，若只有小罪，或已解之大罪，亦蒙天主加聖寵，而減該受有限之罰。大罪，靈魂之死也。小罪，靈魂之病也。告解之禮，既能活已死之靈魂，豈不能醫痊其病耶？

告解者，欲得赦罪之恩，三件該備：痛悔一，明告二，補贖三。痛悔有向前、向後之二件。向前者，恨已前所犯之罪也。向後者，定意再不敢復犯天主之命。無是二者，痛悔不真，告解無益。此其一也。

明告該全，該真，該順。因該全，則先要省察明白犯何等之罪，每樣所犯幾次。不省察，故不分重罪之等，不明大罪之次數，其告不但不得赦，反加一大罪。論小罪，告者有益，不告亦可。因該真，則故意瞞一大罪，或特加減屬重罪之事，俱犯大罪，而不得前罪之赦也。因該順，則宜聽神父之命，或補還非義所害人之貨物、名聲等類，或去其犯罪緣由。不順，則不獲赦。此其二也。

補贖，乃神父所定補罪之功，以贖免該受罪之暫罰。然補贖之功，共歸三件：誦經、守齋、捨施。告解者必該依神父之命，而承其所定之罪罰，斷不可缺。此其三也。

告解之期，遵聖教會所定，每年至少一次。領聖體之前，若有大罪，亦必告解。又凡遇險危之際，如臨敵、過海、病篤等生死瞬息，必須預先告解。逢此急迫之時，倘有死罪而不能得告解者，該立願告解之實心，求天主賜上等痛悔，而自勉厲，爲天主真切懊恨所犯之罪，如此亦可補告解之缺也。

終傅

終傅者，乃吾主耶穌所立之禮，以堅固病重者身神之軟弱，赦其罪，使之忍受今世暫苦，易退魔誘，切望真福。堅固病重者身神之軟弱等語，乃終傅之奇效也。曰病重者，因天主立此聖蹟，以救將出世之人，所以病不重，不可領受。

曰堅固身神云云，臨終時候，身神軟弱，身因疾病，神因前罪。天主仁慈無窮，欲（金）〔全〕救所贖之人，定此聖蹟，以補助其身神。論助身弱，或賜病愈，或使人安受今世之苦，以免死後極重之刑罰。論助神弱，倘有罪者赦之，又加力量以退魔鬼，此時極狠之誘感，而賴吾主功勞，堅望天堂榮福。

行終傅聖蹟，用聖油擦五官，而誦吾主所定經言。授者乃神父之本職，無鐸德神品者,不可擅專也。

受者惟在教病重之人。若孩童,明悟未開,雖已入教,不可領也。欲得其效者,若有大罪,先須告解。或不能告解,至少要真心痛悔定改,纔可望終傅之奇效也。

神品

神品者,吾主耶穌所立之禮,以立人於他人之上,賜之成聖體祭天主,赦人罪之權。神品有七等。七等俱備,纔有已上所解之權。但此聖事之蹟,既不屬衆人,不必明解。

婚配

婚配者,吾主耶穌所立之禮,以成人夫婦之親愛,賜之善育兒女,引之直走天堂之路也。以成人夫婦之親愛,賜之善育等言,此婚配聖蹟之效。天主欲以人滿天堂,故定此禮,結合男女,一生不解,特加聖寵,以正其相愛之情,使之甘受養育教訓之苦也。成此聖蹟者，男女自願一生相配也。欲得其效驗，若有大罪，宜先告解。或告解不便，極少要真悔所犯之罪。不然，不惟無聖寵，反大得罪於天主，此配恐未必獲福也。

天主聖教百問答

柏應理撰　姚大勇整理

提要

《天主聖教百問答》一卷，耶穌會修士柏應理撰。

柏應理（Philippe Couplet，一六二三—一六九三），比利時人，一六四二—一六四四年在比利時魯汶大學學習，一六五六年隨傳教士來華，一六五九年抵達澳門。到達中國後，柏應理以利瑪竇爲榜樣，學習中國語言、歷史和文化，先後在江西、福建、浙江、江南等省傳教，主持過松江、上海、嘉定、崇明等地教務，廣招信徒，並用中文著書傳播教義。一六八一年，回歐洲向羅馬教皇彙報中國的傳教狀況，先後發表多種拉丁文著作，向歐洲介紹中國，對東西方文化交流做出重要貢獻。其著作主要分中文及拉丁文兩類，中文著作主要有《天主聖教百問答》《四末真論》《聖教鐸音》《徐光啓行略》等。

柏應理在《天主聖教百問答》的《敘言》中，自謂有鑒於天主教之理義藴宏深，欲以一二簡短之語闡厥奥旨,『兹取理之大端,而爲《百問答》,令父兄朝夕諷誦以教之,庶得熟記於心,隨問隨答,若決江河,沛然莫禦,始則應之速而無疑,究且通其奥而默會』。即爲了天主教義之通俗易行而作此書。《天主聖教百問答》一書主要採用問答的形式,直接解釋有關天主教教義,持教的方式,此教與儒釋道的區别等諸多問題。如開篇首問:『「天主」二字何解?』答曰:『非如釋、道許多天王、天尊、大帝等,乃天地真主宰,萬民之公父、公君。』可謂言簡意賅。另如對於《聖經》所言聖父、聖子、聖靈『三位一體』,發問:『有何比喻略解聖三含一之奥旨?』答曰:『如太陽雖一,有體,有熱,有光三件。如靈性一,包記含、明悟、愛欲三司。』也是用喻貼切,簡潔明快。又如問:『《天主十誡》,總歸何義?』答曰:『愛主萬物之上,不敢以他念勝之。又愛人如己,己所不欲,勿施於人。』以中國傳統觀念,來類比天主義理,頗易爲人所接受。正因此書論理明晰,通俗易懂,所以作爲天主教的入門教材,在中國廣受歡迎,自康熙十四年(一六七五)年行世後,多次重梓。本次整理,即以最早刊行的康熙十四年(一六七五)年刻本爲底本標點整理。書後原附的《悔罪經》《天主聖教要理六端》《天主經》《聖母經》《信經》等内容,因與天主教教義、禮儀相關,也一併整理録入。

叙言

天教之理，至無盡也，百問答安可盡乎？矧此問答百端，義藴宏深，泰西諸儒，格物窮理，反覆申論，時見于累牘連篇，豈一二語可以闡厥奥旨？然而習俗深者，嗜慾匪淺，雖千百言，難以啓其信。而習俗淺者，嗜理必深，雖一二語，足以釋其疑。乃若奉教子弟，尤未習俗而性相近者也。語以超性之理，則其言易入，其義易曉。茲取理之大端，而爲《百問答》，令父兄朝夕諷誦以教之，庶得熟記於心，隨問隨答，若決江河，沛然莫禦，始則應之速而無疑，究且通其奥而默會。《易》之『蒙卦』有云：『蒙以養正，聖功也。』斯得蒙養作聖之功矣。抑匪直童蒙爲然，君子屏遠習俗，日舉數端而問焉，則斆學相長，殆亦果行育德之資也夫！

康熙乙卯年嘉平月之望日泰西耶穌會士栢應理謹叙

天主聖教百問答

耶穌會 後學栢應理述
值會何大化准

問:『「天主」二字何解?』

答:『非如釋、道許多天主、天尊、大帝等,乃天地真主宰,萬民之公父、公君。』

問:『天主聖性之奇妙何如?』

答:『無始無終,至靈至神,至能至知,至義萬善萬美,德福全備,無以尚之。』

問:『天主在何處?』

答:『無所不在,全在六合内外,全在各處。譬如人魂,全在周身,全在各肢。』

問:『天主有幾箇?』

答:『真主獨一。如國一君,家一長,否則亂。又如吾人,一身一首,否則怪。』

問:『天主一箇性體,包含幾位?』

答：『天主性惟一，位有三，西文稱爲罷德肋、解曰父。費略、解曰子。斯彼利多三多。解曰聖神。』

問：『第一位何以稱父？』

答：『因照本性之體，内生本性之像。譬人對鏡生像，因吾照而生，故稱父。』

問：『第二位何以稱子？』

答：『如鏡内之像，受照於授照者，即可知受生於授生者，故第二位稱子。』

問：『第三位何以稱聖神？』

答：『父子兩位發相愛情，總是天主性體。非如鏡内像，止是虛影而無性。』

問：『三位中有大小否？』

答：『主之性體，全善、全知、全能，在三位，亦在各位，無大小先後之殊。』

問：『三位可以稱三箇天主否？』

答：『位雖三，統是一性，一體，一箇天主。一含三，三含一，奧玅無窮難解。』

問：『有何比喻略解聖三含一之奧旨？』

答：『如太陽雖一，有體，有熱，有光三件。如靈性一，包記含、明悟、愛欲三司。』

問:『天主由誰而生?』

答:『天主無始之始,無由造生。譬如樹從根發生,而根非他根所生也。』

問:『天地萬物是誰起造?』

答:『天地無靈,如房屋不能自起,必有一全能者,起造陳設,是即天主。』

問:『天地萬物是誰照管?』

答:『造物者照管。設使須臾不管,則萬物悉無。萬物係於主,如光係於日。』

問:『福禍生死,從誰而降?』

答:『皆由主降。或禍或福,人當順受,不可因世苦難忍,自造罪愆,以取永罰。』

問:『天主造天地萬物,爲何?』

答:『天覆人,地載人,萬物供人用。感恩欽崇者,即是順子。忘恩,即是逆子。』

問:『天主造生人類,爲何?』

答:『本要我人識認主宰,遵循其命,避惡爲善,身後昇天,而享永福。』

問:『普天下有人不認天主,能昇天否?』

答：『不能。譬如人往人家，先要認家主，方可入住。若不認天主，何由昇天？』

問：『如此，萬民須認天主而欽崇否？』

答：『萬民既爲天主所生，皆當識認孝敬。不然，如逆子，如背臣，必受永罰。』

問：『佛、老、玉皇等類，可奉事否？』

答：『佛、老亦天主所生之人，又不認造物真主，與世人生死一般，奉之何爲？』

問：『奉拜佛、老等類，傷甚麽理？』

答：『如負債者，還與他人，不還與債主。或飲宴，錯謝同客，不謝主人，理乎？』

問：『世人當何如奉事天主？』

答：『須信、望、愛主，全守《十誡》。此《十誡》者，乃天主生民，賦與人心當然之理。』

問：『何謂《天主十誡》？』

答：『一，欽崇一天主萬有之上。二，毋呼天主聖名，以設發虚誓。三，守瞻禮之日。四，孝敬父母。五，毋殺人。六，毋行邪淫。七，毋偷盜。八，毋妄證。九，毋願他人妻。十,毋貪他人財物。』

問:『國王律法,未禁心罪。何惟天主,乃禁貪願?』

答:『國王雖聖,未能知人心罪。世人一起善惡之念,莫逃全知主鑒,故禁貪願。』

問:『《天主十誡》,總歸何義?』

答:『愛主萬物之上,不敢以他念勝之。又愛人如己,己所不欲,勿施於人。』

問:『主誡既爲當然之理,在教外者,須守之否?』

答:『凡屬人類,各各當守。如國王宰制本國法度,内外臣民,莫敢不遵。』

問:『人力衰弱,何能終身負《十誡》之任?』

答:『必賴主恒祐。主祐如翼,易使人負誡穩行德路,然人亦須自勉而行。』

問:『天主造無數天神,爲何?』

答:『主造無形純神,用他昭事,聽候使令,護守人類,扶植萬物,而享永福。』

問:『每人有護守天神否?』

答:『凡人一出母胎,各有護守天神,終身晝夜不離。當常謝其保護之恩。』

問:『何以謂之魔鬼?』

答：『原是天主所造的神，因發傲心，背逆上主，故降爲魔鬼，而受永罰。』
問：『魔鬼能强人爲惡否？』
答：『善惡由人自主。魔能誘人，不能强人。主許魔誘，以試人德而加其報。』
問：『天主堂中聖像，何自而設？』
答：『天主原無形像，此乃降生救世之像。吾人昭事瞻禮，庶幾對越如在。』
問：『天主無所不在，何曰降？』
答：『天主降生于世，亦不離天。惟因至尊上主，締結於人性，故謂之降。』
問：『天主何時、何地降生？』
答：『中國漢哀帝元壽二年冬至後四日，地名如德亞，與中國同州。』
問：『天主如何接人性而合於己？』
答：『聖神於童腹結浄胎，即賦靈魂成人性，而天主費略接合之於己位。』
問：『有何比喻可解此玅？』
答：『粗譬樹體，上有二枝，一自根發，一自外接者。人性如外接枝者然。』
問：『降生時，天主本性有變雜交化之理否？』
答：『絶没有。譬樹有本枝，有外接枝。各枝發本性之菓葉，然樹恒一，無變。』

問：『天主三位，既爲一體，第一、第三位，並降生麽？』
答：『否。三位雖同行降生之功，然獨第二位費略。實接人性，稱人亦稱天主。』
問：『可以略解此奧理否？』
答：『譬如一人穿衣，傍有兩人，或挈其袖，或披其襟。實穿衣者，惟中一人。』
問：『如此，天主降生，自選聖母否？』
答：『主從無始定降生，預選室女爲母。其靈自始胎，不染原罪，恒滿聖寵。』
問：『童身之女，何能爲母，而不損童身？』
答：『日光出入玻璃瓶，玻璃何曾有損？況天主從無造萬物，此何難之有？』
問：『聖母稱甚麽尊號？』
答：『瑪利亞。解曰：海星。引人昇天，爲萬民大主保，可尊，可愛，當恒求之。』
問：『天主降生，稱甚麽尊號？』
答：『耶穌。解曰：救世者。耶穌，聖號，乃魔之驚，患之慰，生之望，死之安是也。』
問：『耶穌爲何稱救世者？』

答：『因降生爲人，救贖萬民，原本兩罪，攻破魔權，滅諸惡之源，立諸德之表。』
問：『何謂原罪？』
答：『人類元祖亞當，首犯主命，其罪染及子孫。如樹根有毒，延及枝葉、花菓。』
問：『至尊降生，何不擇帝王之榮，而擇貧賤？』
答：『上主欲拔諸罪之根，選貧以破我貪，擇賤以抑我傲，受苦以醫我慾。』
問：『吾主耶穌，贖萬民之罪何如？』
答：『至慈大主哀憐世人，自負萬民之罪，甘心受辱、受難，被釘十字架而死。』
問：『天主受難被死，似極褻其尊威？』
答：『譬如國王私行，穿微服，受辱以保民，如成湯禱雨爲犧牲，何褻之有？』
問：『耶穌一動一言，能贖萬世，何受千端苦難？』
答：『欲顯其愛人之至，及人罪之重。又訓我昇天之路，在苦難，不在世樂。』
問：『至福至靈天主，何能受難被死？』
答：『主性無虧，所取人性被死。譬如人身與神相合，身雖受傷，神不受傷。』
問：『如此，何説天主受難，天主被死？』

答：『譬逆臣，辱毀帝袍，雖不擊御體，豈徒曰：「帝袍受辱。」直曰：「帝王受辱。」』

問：『主白赦人罪，免己受難，不更便乎？』

答：『否。白赦顯其仁，不顯其義。惟代人全贖，仁義兩全。若白赦，人易犯罪。』

問：『天主顯其慈仁，並顯其公義，何解？』

答：『譬小民犯君，當死，太子欲代民受死。君赦民，則顯仁；罰太子，則顯義。』

問：『天主命天神贖人罪可也，何必親降受難？』

答：『非天主自救，即萬神萬人補贖之功終有限，何能盡償無窮之罪債？』

問：『人之罪債無窮，何解？』

答：『人辱庶人，則辱輕，可恕。辱君，則辱重，難赦。主尊無窮，我罪豈有窮哉？』

問：『論耶穌人性受死，人則何能立無限之功？』

答：『主兼人性、天主性。二性既結，其人性雖死，其主性能加人無限之功。』

問：『有何比喻，可以略解此道理？』
答：『如國王立卑女爲后，王不失其尊，而卑女配王之尊，其尊與王等矣。』
問：『耶穌臨終，其天主本性離人性否？』
答：『身與魂相離，主性終不離。如日光照樹，樹雖分斷，日光不離各枝。』
問：『主聖魂離身，降於古聖靈泊所，爲何？』
答：『贖世之功已畢，天門始開。故吾主降此，接古聖人之靈，同昇天國。』
問：『耶穌死後，聖屍既入塚墓，幾時復活？』
答：『第三日。由己全能復活，在世四十日後，當百餘人前，亭午昇天。』
問：『耶穌昇天後，還降臨現於世界否？』
答：『世界窮盡，萬物俱被火焚。是時吾主耶穌，從天赫臨，審判萬民善惡。』
問：『時吾主五傷，併十字聖架，光越太陽，爲何？』
答：『主欲萬民知其受難之榮，而聖架爲贖世之具，勝魔之表，永福之原。』
問：『人死，其靈即聽審判。既有私審，何有公審？』
答：『至公天主，欲昭然發露衆目之前，以見無惡不罰，無善不賞之公義。』
問：『世間善人常苦，惡人安樂，似不公義。』

答：『大審判時，惡人永苦，善人永樂，萬民纔知真主無不報之公義。』
問：『還有公審判之別意否？』
答：『人在世，共用肉身、靈魂。兩者既同行，或善或惡，此時同受善惡之報。』
問：『如此，我們肉身亦復活否？』
答：『普天下人之本身，必定復活。仍合于己原靈，即赴上主嚴臺聽審。』
問：『人屍既朽，既燼，既過萬變，何由得出復活？』
答：『天主從無生物，已屬不難。况既有而没，總在天地間，命之復生何難？』
問：『在教人，聽審判可也。不曾入教者，何如？』
答：『天主惟一，天理亦惟一。進教不進教，皆主所生，故無不聽審受報。』
問：『肉身既復活，比之靈魂，何爲尊貴？』
答：『原初肉身，本由土造，故爲賤。靈魂無形，由天主所賦，故爲貴。』
問：『人魂與禽獸之魂何别？』
答：『禽獸有覺無靈，至死，其魂即滅。惟人至靈，身雖歸土，其魂永存不滅。』
問：『靈魂離身往何處？』
答：『人生，道路也。終必到定處，天堂、地獄是也。非昇即降，斷無中立之處。』
問：『天堂是誰居處？』
答：『是天神與善人永福之處。天上其所，享主真福，至樂其常生也。』
問：『地獄是誰居處？』
答：『是魔鬼與惡人永禍之處。地心其所，猛火其禍，至苦其常死也。』
問：『天堂之樂，地獄之苦，永遠何解？』
答：『萬萬年之後，乃始。萬萬億兆之後，仍始。恒有萬萬始，竟無終期。』
問：『因暫時之罪，加永遠之刑，有何公義？』
答：『雖暫時之罪，其背主之心，永久不悛。暫功既受永賞，暫罪應定永罰。』
問：『孩童未領聖水而死，何居別處，而不昇天？』
答：『其靈魂有原罪，故不能昇天享福。然因未有本罪，故主免其受苦。』
問：『煉獄是何處？』
答：『從教者，在世未全補其罪，没後居此受暫苦。罪既煉盡，便昇天堂。』
問：『人在煉罪之所，可以得救速出否？』
答：『教友能救。或守齋，或誦經，或濟貧等，代補其缺，則脱煉苦，而昇天堂。』

問:『既墜地獄,如何可出?』

答:『在世可以立功而免墜,墜後永莫能出。蓋由上主斷定,萬無改移。』

問:『生前何法,可免地獄之苦?』

答:『棄絶各樣邪神,痛悔已前罪過。先要一次領聖水,以後恒守規誡。』

問:『領聖水是何禮?』

答:『耶穌親定。人發痛悔,外受洗滌,原罪、本罪悉除,即蒙聖寵,爲天國人。』

問:『水,形物也,何能發無形聖寵?』

答:『如朝廷設官權,必與敕印。官權無形,敕印有形。人見敕印,則知官權。』

問:『領洗後若犯大罪,何如?』

答:『失天主寵愛,而爲其讐。失已前功,失天國,爲魔之屬,將下墜于地獄。』

問:『既獲大罪,何以得赦,而復蒙主愛,不失前功?』

答:『該誠心痛悔,告解於司教神父,承其所定之罪罰,補贖前愆。』

問:『萬民罪過,由主耶穌贖之,人何必自補贖?』

答:『主功雖無窮,然須人自往取。如病人欲痊,雖有神方,須勉服苦藥。』

問:『吾主立告解大禮,何如,可以蒙罪之赦?』

答：『先省察言、思、行之過失，全悔全解於神父前，是代天主審罪而行赦。』

問：『人有獲罪，自悔自責而已，何必告解？』

答：『主所定規，萬不可改。設國王欲赦犯人，然命來官前認罪，可不遵乎？』

問：『恃此告解，犯而解，解而復犯，恐使人輕犯。』

答：『告解如藥方，藥豈爲復病之媒哉？解不出於真悔，仍敢再犯，則罪愈重。』

問：『人或怕羞隱瞞一大罪，何如？』

答：『不蒙罪赦，反加一大罪。如病人諱疾忌醫，非但無益，必受大害矣。』

問：『人或不能告解，但發痛悔告解之心，何如？』

答：『悔心非爲賞罰而發，確爲愛敬至尊天主，超於萬物而發，則蒙赦。』

問：『痛悔爲自己，或怕主降難，或怕地獄，何如？』

答：『有此悔心而告解，則蒙罪赦。若不告解，雖有此悔心，不蒙罪赦。』

問：『吾主留遺聖體于世，「聖體」二字何解？』

答：『聖體真是吾主耶穌聖軀，及其聖魂，及其天主本性，與在天者同體。』

問：『吾主將受難，立聖體大禮，有何意思？』

答：『欲顯愛人無量，以此養育人靈，補存其弱，使人常念受難之洪恩。』

問:『耶穌現在于天,聖體何時又降臨?』

答:『司祭者,祭時念吾主親定聖言,麪餅之體全無,吾主聖體即時在焉。』

問:『肉眼所見麪餅,何云吾主聖體?』

答:『只是麪餅形色,遮蓋聖體,如白雲蔽日光,如珠簾遮皇上之貴容。』

問:『麪餅之形,分作千塊,聖體亦分否?』

答:『雖麪形或大小,或分萬萬,俱分麪形,不曾分聖體,然各分實包全聖體。』

問:『有何比喻,可以略解此奇妙?』

答:『如鏡受日光,即現日體。若破鏡千分,各分皆現一日,而日不容分。』

問:『主既肯臨我,又命我領聖體,當先行何禮?』

答:『先須解罪,清潔心室,而加聖功。譬國王臨我宅,何敢一毫輕褻迎之?』

問:『聖教超性諸端,人要全信,不疑爲何?』

答:『因主降世,親自囑咐。全知全真者,無少差謬。至善者,無少欺罔。』

問:『然則何以可徵耶穌爲天地萬物真主?』

答:『天主未降生數千數百年前,多先知聖人,細列天主降生、受難、昇天始末而載之經上。降生後,確然一一相對,無一不應。天主既降生,所施聖恩,所顯聖蹟，不可盡述。

主耶穌降生，聖女瑪利亞童身爲母，而仍童身。時茅室光明如晝，天神之羣，降賀聖誕。新星顯于中天，引外國三王來朝。

主耶穌居世三十三年，百千人耳目之前，所行靈蹟，不可盡數。如瞽者明，聾者聽，喑者言，屈者伸，病者命愈，死者復生，步海止浪，命風停息，鬼魔畏伏。天地萬類，無靈無覺之物，如有靈者，皆認主而聽其命。

主耶穌崩時，天大變，地震，月違其常行。自西過東，乃掩日輪，石多破裂，塚墓自開。先聖已死者，多出現于世。天地萬物皆哀。主死至三日，聖軀復活出墓，身光百倍于日。在世四旬，白日當衆，榮昇天堂。種種靈異，非吾主全能者，誰能行之？

吾主既昇天，其宗徒諸位等聖人代主權，而所行聖蹟萬般，自古迄今，千六百餘年。亦自今至世盡，時時普天下萬方，未嘗斷絶。行聖蹟者，聖王、聖臣、聖民、聖女，或甘心致命，或遯世隱脩，克己童身，或絶財絶慾，並絶其意，過海千險，訓誨萬方，莫可勝計。世世所行之靈蹟，皆倚吾主耶穌所付之權能而行。可徵天主聖教爲真，亦可徵耶穌爲天地萬物之真主宰，可信可望，可愛可畏，可感可謝，可從可敬，而欽崇於萬有之上。世人信愛從之，真爲天國人。若生前不信者，終去世後，纔信天主教獨爲真教，此信無功無益。又翻悔不轉，遲矣。智人生時，當寐乎，當寤乎，可不慎而預備乎？』

悔罪經附

至仁至慈者，天地大君。統一普生，無上真主。我重罪人，爲主所生。今發愛慕吾主至切之情，超于萬物，衷誠深悔，以前種種罪惡。寧願失天下萬福，盡罹天下萬苦，不願稍獲罪於吾至善至尊之主。以後決定堅守主命，一切棄遠陷罪之端，至死毋敢復犯。並願告解我罪，承罰補贖。敢望吾主，念爾聖子耶穌，既爲我等罪人降生，甘心受難，贖我重罪，必允我祈求，滿所冀願，全然賜赦，全然祐改。如是恒守，以至死候，得享吾主無限真福，亞孟！

天主聖教要理六端

凡人要認天主而奉聖教，必須講明聖教之理。其首先宜明曉奉教，爲認知其本原真主，而爲己靈魂，得身後天堂永福。聖教之理，甚廣且微，其旨約歸六端：

第一端，須知天地之先，有一大主，稱曰天主。天主是至神無形之體，無始無終，永活永王，無所不在，無所不知，無所不能。自有萬善萬福，天地諸神諸聖，一切萬物，皆爲天主所生造者。不能福我禍我，惟天主操福禍之權，是宜惟一欽崇萬物之上。

第二端，天主體一而位三。一曰罷德肋，即父也。一曰費略，即子也。一曰斯彼利多三多，即聖神也。三位共一體，無先後大小之分別，惟有授受次第之殊。罷德肋即第一位，費略即第二位，斯彼利多三多即第三位也。

第三端，天主第二位費略，爲救贖萬民之罪，締結人性於己，降孕而爲人。生於瑪利亞童身，名爲耶穌，受苦難，釘十字架上死，死後第三日復活，四十日後昇天。

第四端，夫人身本有靈魂、肉身兩端。肉身雖壞，靈魂常存不滅，非草木生魂，禽獸覺魂，隨死隨滅者可比。

第五端，靈魂離肉身之後，即赴天主審判。爲善者賞昇天堂，受永福。爲惡者罰下地獄，受永苦。

第六端，天下旁門異教甚多，正教惟一。獨造性之主，能治人性之病，去其昧而加明於所當知，輔其弱而加力於所當行，則其教惟正。使其率性於本向，上愛真主萬有之上，下愛衆人如己。已上六端，詳細講明，則許領洗奉教。

領洗之時，必須真心痛悔前罪，矢志遵守聖教規誡不敢再犯。領洗之禮，取清水淋額，曰：『某，呼男聖名如伯多禄、保禄，或女聖名如路濟亞、亞納等。我洗爾，因罷德肋，及費略，及斯彼利多三多名者，亞孟！』或云：『某，我洗爾，因父，及子，及聖神名者，亞孟！』兩樣祝誦，均屬一理，一字不可改遺。

聖號經

以十字聖架號天主，我等主，救我等於我讐。因罷德肋，及費略，及斯彼利多三多名者，亞孟！

天主經

在天我等父者，我等願爾名見聖，爾國臨格，爾旨承行於地，如於天焉。我等望爾今日與我我日用糧，而免我債，如我亦免負我債者。又不我許陷於誘感，乃救我於凶惡。亞孟！

聖母經

亞物，瑪利亞，滿被額辣濟亞者，主與爾偕焉。女中爾爲讚美，爾胎子耶穌，並爲贊美天主聖母瑪利亞，爲我等罪人，今祈天主及我等死候。亞孟！

信經

我信惟一天主，全能者罷德肋造成天地。我信其一費略，耶穌基利斯督我等主。我信其因斯彼利多三多降孕，生於瑪利亞之童身。我信其受難，於般雀比剌多。居官時，被釘十字架。死而乃瘞，我信其降地獄第三日自死者中復活，我信其昇天坐於全能者天主罷德肋之右。我信其日後從彼而來，審判生死者。我信斯彼利多三多，我信有聖而公厄格勒西亞諸聖相通功。我信罪之赦，我信肉身之復活，我信常生。亞孟！

又聖母經

申爾福，天主聖母，仁慈之母，我等之生命，我等之飴，我等之望。申爾福，旅茲下土，厄襪子孫，悲懇爾，于此涕泣之谷，哀漣歎爾。嗚呼！其我等之主保，聊亦迴過目，憐視我衆。及此竄流期後，與我等見爾胎，普頌之子耶穌。吁其寬哉，仁哉，甘哉！卒世童貞瑪利亞，天主聖母爲我等祈，以致我等幸承契利斯督所許洪錫。亞孟！

護守天神祝文

極尊天地大君使令者，從我入世至今，與我偕焉，須臾不離。我今求爾，望爾不以我無情棄我，求爾寬裕，教我避惡爲善，抑鎮邪魔。爾指吾路，賜我照護引治，以至昇天，同爾忻樂，切感爾恩。亞孟！

寰宇始末

高一志撰　姚大勇整理

提要

《寰宇始末》兩卷，明末耶穌會士高一志撰。

高一志（Alphonsus Vagnoni，一五六六—一六四〇），意大利人，一五八四年入耶穌會初學院學習，一六〇三年起航海來華。明萬曆三十三年（一六〇五）至南京，取中國名王豐肅，字一元、則聖，又字泰穩。在南京學習中國語言，研究經典文獻，撰寫中文著作。因傳教有方，於萬曆三十七年（一六〇九）任南京會長。萬曆四十四年（一六一六）南京教案起，明廷敕令逮捕傳教士並驅逐出境，高一志因之被押送至澳門。天啓四年（一六二四）復得返回中國内地，遂改名高一志，並至山西傳教。在山西深受當地人士愛戴，傳教成績斐然，授洗人員甚多。崇禎十三年（一六四〇）病逝於山西絳州。平生著述甚多，主要有《教要解略》《齊家西學》《修身西學》《達道紀言》《寰宇始末》等。

《寰宇始末》上卷開篇言：『往古聖賢，以天主全能，章徹于肇造寰宇。寰宇者，天主性能之鑒也。故當論肇造始末，測不及測之隱焉。夫寰宇之名，以含天地間萬有，故又名統萬有。測其理者，須審造始若何，序次若何，内情之藴若何，庶論列之詳，覽之者識厥自焉。』謂寰宇爲『天主性能之鑒』，測寰宇之理，須審其起源（『造始』）、順序（『序次』）與原理（『内情之藴』），是書即主要從起源、順序與原理三方面，論述天主如何創造天地自然、宇宙萬物。《寰宇始末》上卷十八義，前九義即言寰宇非偶然自造，非太極、天地所生，而爲天主以全無自主造成，後九義即論天主先後於七天之内造寰宇（含人）之過程，以及人類始祖亞當、厄襪（夏娃）痛失伊甸樂土的緣由。下卷亦十八義，論寰宇之原理、特性，重點探討萬物『所以然』之性。下卷所言第六義《宇内萬物之所以然有四》中道：『所以然者，事物之性，係以生成也，有四焉：曰作，曰模，曰質，曰爲。作者，造其物而命之爲物也。模者，狀其物，置於本類，别之於他類也。質者，物之本來體質，所以受模也。爲者，定物之所向所用也。以車輪論，人爲作，軫、軾爲模，木料爲質，所以乘載爲爲。以人論，生人之原人，作也；靈神，模也；形體，質也；修德而終享福，爲也。四者，無物不具者也。質、模在物内，爲物本分。作、爲在物之外，超物之先，非物之本分也。』作、模、質、爲，即事物（含人）之生成、外形、質地與功能，作、模、質、爲作爲世間萬物所以然之理，實爲撰者對事物屬性及相互之間聯繫的樸素認識。

《寰宇始末》中對不合於天主教思想的觀念亦有辯駁，如卷上《寰宇造始》中謂：『人性至靈，必能洞所從出，與萬有之原。第因魔誘，翳性光，迷原始，見其有，莫指所從有，妄以爲偶時有，偶時無有，妄以謂從無始而有。且又于太極之外，標無極，藉藉異喙，莫可殫指，是曷可無細究耶？』認爲萬有之原實爲天主，而非太極無極，卷上第四義《寰宇非太極所生》即細究中華傳統『無極而太極，太極生兩儀』之説，而申明天主創造寰宇之理。世間萬物既爲天主所造，天主教義自然爲世間之至理，是書實爲天主教的宇宙生成之説，同時寓有借宣揚宇宙由來以推尊本教之意。

此次整理，據大象出版社二〇一四年出版《梵蒂岡圖書館藏明清中西文化交流史文獻叢刊》（第一輯）中影印的明末刻本《寰宇始末》進行標點。

寰宇始末上卷

極西耶穌會士高一志　譔
東魯　遺民李煒然
衛斗樞
西晋　學人韓　雲　仝修潤
段　衮

測天主性情于無形無埒之微，前册僅能言其略而已。往古聖賢，以天主全能，章徹于肇造寰宇。寰宇者，天主性能之鑒也。故當論肇造始末，測不及測之隱焉。夫寰宇之名，以含天地間萬有，故又名統萬有。測其理者，須審造始若何，序次若何，内情之藴若何，庶論列之詳，覽之者識厥自焉。

寰宇造始

人性至靈，必能洞所從出，與萬有之原。第因魔誘，翳性光，迷原始，見其有，莫指所從有，妄以爲偶時有，偶時無有，妄以謂從無始而有。且又于太極之外，標無極，藉藉異喙，莫可殫指，是曷可無細究耶？

寰宇之有有時義第一

古聖哲證寰宇之始有也有其時，理固多端，兹採其確且明者。

人類之存不自存，需多物以存。育不自育，需多物以育。如充虚以穀，禦寒以衣，蔽風雨以宮室，扞寇盗以城垣，結助援以井里。微是數物，人類熄矣，何能存而久，久而繁且衍也？諸物所制之始，國紀其年，如中國之易綱罟、耒耜等具，始于伏羲、神農是已。綱罟諸物，始于伏羲、神農，則知伏羲、神農，去寰宇之始未遠也。倘云民生已久，將存者何，而育者何？若云未造，安在三皇之逾于五帝也？三皇之誕，不辨自晳矣。

人類彌遠厥始，彌稱繁衆。試料今日生齒，必盛于百年前，百年前必盛于千年前也。則其始，不過數人而已，數人必始于兩人而已。是兩人者，兆民之最始者也。伏羲、堯、舜時，生民少。閱商湯僅千載，而多且衆。謂開闢至伏羲，經數萬載，豈數萬載之久無凡生，而一千載之促反衆生乎？必不其然。

末世滋僞，蓋物距本源愈遠者，愈混濁；愈近者，愈清靈。人性悉然。觀伏羲、堯、舜之民，醇而慧，文字始制，典刑始昭，可定去原初之不甚遠矣。

《萬國志》載厥國之興，未有無其初者。《泰西志》亞當、天主《聖經》中，載詳天地初年、人類元祖，及諸代相傳世系，歷歷可據，以自始迄今，尚未滿六千年爾。或以中史載開闢至堯，云千萬載，何也？曰：據正典、正史，可豁此疑也。孔子翼《易》，始自庖羲；删《書》，斷自唐、虞。《左》《國》，三代以前之書也，亦以太皡爲始祖。儒者好學深思，以明其理，則載籍極博，必考信于《詩》《書》，數千萬年，祇見其誕且誣也。況觸柱補天，人首蛇身，荒唐之尤者乎？則夫六千之年，寰宇之始，有時也、無始之説，何從兮？天主經典，明傳其始，安所滋後人之疑也？

寰宇非自造始義第二

寰宇有始矣，厥始自造耶，别有造之耶，原自有耶？駁之者曰：皆非也。一，自有者，無時不有，無美不備，無德不全。蓋既爲自有，無缺無係，必不係他物，以定其性、其能、其德與時之界限。蓋後有而先無，此處有而彼無，此性此德有而彼性彼德無，俱理之難解者也。足證物不能自造其始，又不能自有也。

一，自有者，必足自養、自存者也。寰宇間之萬有，誰能之？人物藉天地養存矣，猶必照以日月，澤以風雨，方獲誕育。重天，非靈神不運，非主護不存，謂天地、人物而爲自有之邪？

一，寰宇能自造始，即當謂寰宇。並在並不在，或在前或在後，何也？有施造者，有受造者。施造者，須見在以施運用。受造者，須先不在，始受造以至於在。不見在矣，運用奚施？先見在矣，何須復受造乎？

一，宇内物有二品：生成者一，人馬等類；造成者一，器具等類。生成者以類生，人生人，馬生馬焉。最初者不然，造成者至質樸，至微賤，莫不繇于匠作焉。微物易造，然猶未能自造。天地之鉅且麗，人物之貴且慧，謂自有、自造之邪？

一，萬有，微論靈蠢、巨細、貴賤，古迄今，羅列之成序者，豈能自爲位置，自爲分數，自爲趨避，久而不爽之若此耶？抱靈性者未能，謂蒼然、塊然、蠢然者能之乎？則萬有，曷能自有、自造也？

寰宇有非偶然義第三

或以寰宇萬有，偶始偶終，倏聚倏散，如碧際遊雲，呈象之莫定耳。殊不知偶然合散者，無恒序成規，無定候實像，並無定性情、定運動、定施用焉。今寰宇所包之萬類，有一然者乎？天位于上，地位于下，日月星辰之運旋不息，四時之錯行不忒，晝夜寒暑之相繼不乖，四元行之相攻相變，不至相滅也，且資以生物之無窮，氣域水域，飛潛動植，類聚羣分，千古莫忒，是豈偶然者邪？天地渾儀，星辰躔次，山川疆域，區分界別，自鳴鐘刻刻轉動，按候輒鳴，亦豈偶然者耶？宮室闤闠通出入，園圃開發蒔花果，中庭陛降延賓客，左右宮室便寢處，楹柱負棟樑之不撓，茅瓻蔽風雨之不漏，亦豈偶然者耶？高文大作，章法句法之不苟，神采名理之流注，豈不抽發靈心而偶然者耶？何獨至于寰宇而疑之？

或以物有本性，自然而然，何需運之使然？曰：因性而然，似矣。但性之然，從何來乎？必先有定其性之所以然者，而後能各因其性，而爲自然也。倘無之，而任物自取其性，是困物以不能，物烏能適其自然之用也哉？請折以生人之序，人含胎數月，骸體得全，神方賦焉，始成人性，漸生漸長，以足其分，人人無異也。生後能動能言，須養袪害，人人無異也。形神一合，非大故不離，人人無異也。此可謂之偶合偶散者耶？前知者譬之爲小寰宇，以首象天，二目象二曜，形體象大地，骨節、筋脈象山嶽、河漢，内兼四液，象四行，更含諸類妙精，竪立象金石，知覺象禽獸，明靈象諸神，徹體之膏潤，悉從首降，象大地滋養于天焉。就此顯序，推彼隱秀，一身雖小，喻大無難矣。故古之名賢，恒云天地間，縱無他明驗，已信天地非偶，況以人身證之，尤其大彰明較著者歟？

寰宇偶然而成，何不偶然滅乎？凡物無定所以然以生者，必無定所以然以存。蓋以此始者，亦以此終也。縹緲浮雲，偶像何能久存耶？寰宇麗天之象，載地之品，四行諸類，不亂其序，不移其位，不踰其紀者，定知其非偶也。乃云混沌時偶爾而開，萬千年後偶滅復始，其于性理之謬尤甚，何也？偶合之與有定，其不相涉也久矣。

寰宇偶合偶生，則偶然一者，亦偶然而二，而三，以至于無算，胡閲古今僅覯一寰宇邪？且萬彙之生，何須原種，何須牝牡也？有謂太初偶然，今無復偶然者，此尤徵其中無所見，而自相悖戾之若是矣。又有以寰宇内偶然者，多無益之類，閃電流星,熛火妖怪,異物奇像之多且頤,分者然矣,全者亦然。又偶有而無益者,俱有專論駁之,兹不贅。

寰宇非太極所生義第四

上古西域有士古略者,稽寰宇之初,自立别學,云『一元生一,一生二,二生三,三生萬物』。不謂此論復見于中華,曰『無極而太極,太極生兩儀,兩儀生四象,四象生八卦』。兹理須詳究之。《易》圖注太極先静後動,分清分濁,輕清爲天,重濁爲地,是太極似天地之原矣。動静、清濁,胥云屬氣,此論殊有難解者。夫不指氣所從出之原,以爲從無始,即自始自有之説也。先静後動者,又不指始動之故。夫物從静而動者,必有其故矣。有本自意動者,人是已。有從他意動者,車是已。太極之元氣,自不靈覺,則亦不能自主。無他物居前動之,何所據云静而動耶?云分清、分濁,夫清與濁之各殊,其情也審矣,何由並含?含矣,何時、何主分之?是猶曰:兹有巨木,不藉地力,不假人種,自爾夭喬,且成器具,不待匠之追琢也。世有此説乎?云清昇濁降,尤難解矣。凡物昇降,必先備動之情,動始見焉。火何以炎上?

情輕熱故。土何以垂下？情重寒故。太極名元氣，必純合無雜情矣。無他德使之昇降，何能爲昇降耶？云清爲天，濁爲地，夫天有數重，所帶日月星辰之象，各含夫隱德者也，以之養育乎萬類，謂單出于清虛元氣，而無他作者之資，可乎？云氣之濁者，能生大地及山海寶藏，此尤難矣。蓋萬有生成，莫不先備質模，作爲之四所以然。故物不論從性從藝，無有能易之者矣。天地開闢之前，雖有元氣以當料質，苟無作者之所以然，胡能自分自治，造成萬彙之若是也耶？

凡造物者，必在物體之外，如大匠造器之在器外也，必取他物爲質焉，斷未有取自體造他物者，太極元氣既渾然，必體諸物以成其物，而不可離也。一離，壞矣，滅矣。謂大匠與所制之器爲一體而不離，得乎？

凡造異性殊情之物，須靈明者爲主。造室繪圖，緣至巧者，内含靈像，以成所謂先得成竹于胸中，是也。太極之元氣，無靈覺，自無内像，謂能布列空際萬象，宇中萬彙也，必不然矣。脱云，太極即經史中所稱之上帝。既上帝矣，豈有以上帝分清、分濁，分静、分動，而爲天地萬物者乎？亘古聖賢，屢云昭事上帝矣，未聞昭事太極者也。

或曰：物具本性，因性發生，生生無窮，如一粒之種，枝莖穎實，自然發生耳。

曰：種之先，亦有造種者，無前種，今種亦無，是前種、後種之司造也。且有公造之者，種子雖備，乏栽培之勞，滋漑之力，照臨之德，則亦不能發生矣。

或曰：分天地，布萬類，殆元氣中具至理焉。曰：逾非也。理者，依賴他物之虛號耳。萬有分二品：自立者一。倚賴者一。自立者又分二：有形之屬，如天地；無形之屬，如神鬼。倚賴者亦分二：有有形而賴有形者，五色、五味之屬是；有無形而賴無形者，五常、六藝之屬是。二品恒相倚接，自立者必先，倚賴者必後理。倚賴不能自立者也，理在先；無所賴以爲有，理在後，何能造所賴之物也？至云元氣清爲天，濁爲地，則元氣分矣，分必不存。木分成器，元體不存焉。元氣分而不存，隨元氣之元理，安所賴而存之乎？

或曰：理隨物，附物是矣。物未生時，必有物之理焉。造棹椅者，必先具棹椅之理。工匠始據理造之，謂理生物也，何不可？曰：物前之理，非理也，造者之靈才也。棹椅之理，出自大匠之靈巧，將有造作，必先于意匠經營，審當然之裁度，手隨心應，工始起焉。倘内乏是度，外工莫施，嘗試爲之，則有攞指退焉耳。

或曰：理在太極中，以静動而生陰陽，分五行，化萬物，生天地萬物者，非天地萬物之私理，太極之公理也？曰：此説上已析之矣。太極爲元氣，既生，既分，既化，體必不存矣，隨元體之理何在乎？在虛空，則依賴之理空際莫立。倘元理隨元氣而分，則一在天，一在地，必須先有天、地二體，然後有天、地之理耳。此理何能先所附之物體耶？且理之爲物，靈耶，不靈耶？靈則活，能自主其動而造物，何待欲造而始動乎？動矣，何忍剖析其元體，生此生彼，及自泯没之乎？不靈，又何能生靈哉？夫世宇，靈生靈，覺生覺，活生活。無靈、覺、活而生靈、覺、活者，未之前聞矣。

或曰：靈覺者，繇靈覺而生是矣。但理動而生陽，陽，自然之靈覺也，因以靈覺遞生諸靈覺耳。是殆不然。陽從何得靈覺乎？謂陽繇理生，理無體，無靈，無施，于何遞生？則太極者，作《易》者自有别義，不得爲萬有之始造。而無極之説，又屬後人之添入矣。

萬有非天地所生義第五

或以天地法象之大、功用之宏，倘不能造主萬有，萬民胡以父天母地耶？曰：天地弗能造主，確理有五，無能易之焉。

一曰，察宇内微物，必繇于種。雖獲土氣天光以生矣，非藉農力培溉，求其發榮，不得也。乃物之大且貴如人，賤如畜，豈有以天地能之者乎？亘古迄今，體如是，德如是，則太初時，天地曷能生萬有也？

二曰，生與育相需，然育易而生難。人物之生，天地不獨育。是不能其易者矣，詎有反能其難者乎？

三曰，凡物相傳之勢，能以所原有，不能以所原無，何者？性學定物品，有有體無生，有有生無覺，有有覺無靈。靈之貴于無靈，覺之貴于無覺，生之貴于無生也，審矣。形天，無生、無覺、無靈矣，何能造有生、有覺、有靈之諸品耶？或以形天亦生而覺靈者，是非特無據，于性理更悖也。凡形生覺靈者，必繇五外司。形天，無耳目及諸他司，繇何覺靈乎？夫且不自權其動止，又安能爲造萬有之主乎哉？

四曰，生者之性愈貴，所須夫生之資者愈奢，亦愈艱。傳類而生者，性既貴于不傳類生者，其生也，須本類中之作者，非繇夫天地生之也。亘古以來，孰見鳥獸與人類，有不繇本類生者哉？或以、昆蟲，無種而生；又以海島羣物，非携所致，而謂天地能生也。則將應之曰：萬物之初，四行備質，天地資生，亦但爲附作耳，屬作耳，豈主作者哉？昆蟲草木，無種而生，係造物者，係運天之靈者生之耳。形天不過天神物主所用之一大器具耳，其何能生哉？別論曰：生覺之物有二品：賤而易生者，蟣蠓、蛆蟲等；貴而難生者，傳類禽獸等。形天貴于無族類而生者，故可指爲司作者，蓋以無生覺中之最貴者，過于有生覺中之最賤者。若生覺之全者、貴者，天又不能爲之司作也，説亦通。據公論，凡物有生命者，貴于無生命者。天不能超本性以生生覺之類也，海島諸類之生，非人所携，必天神致焉。天學正論，以世間萬類，各有守護天神，奉物主命以存物類。故天神置物類，不遺窮島，一以備偶需，一以昭職守也。俗情以天爲父，地爲母，反感謝之，不悟天地之上，更有真主者，真謬妄之極矣！

五曰，各方天氣、地理同，而物類異者，以天地不靈，獨爲固然之作者，不能定異類性于異方也。否則，五穀、禽獸，不待類種、牝牡，而得生于各方矣。

寰宇之造一主義第六

寰宇不能自造，不能造物，上論析矣。即是推寰宇之外，另有大主造之，玆詳其義而列爲六端。

一曰，凡物，胥有造之者。作所以然，萬作相關相接而生，尋厥原本，不得謂罔所紀極也，必有最初之作者，而萬作者屬焉。何者？相屬之作，初爲中之作，中爲終之作，無最初者，必無中；無中，必無終也。最初之作者何，是之謂寰宇之造主。

二曰，萬物尊貴、美好不齊，其所以然，先有一極至者，示之準焉。兩熱並較，因或近或遠于至熱，而後別之，定此多熱、彼少熱。亦必先有至美好、至尊貴者，物因所受之分，或就或離于至美好至尊貴之元，因謂之多美好、少美好耳。夫羣倫中之必有其至也，斯所稱萬有之作者矣。火因至熱，爲萬熱之作。則萬有，必有一無元之有，以其有爲萬有。所含之美好之尊貴之作者，是之謂寰宇之造主。

三曰，萬物非固有之也。每先無後有，復歸于無。物不自造，係他作者以有，則其有，亦係他作者以存，而終非所有，不得謂之固有矣。非固有之物，非有一無元之元，何所從始而有耶？脱萬物能非有，是有時而絶無其有也。脱有時無有，則今亦宜絶無所有也。既無所有矣，而今之所有，又豈得從無有有乎？今未嘗無有也，則萬物之中，必有一固然者，爲萬非固有之物之元，是之謂寰宇之造主。

四曰，凡屬動者，依他動，是受動，與施動爲兩也，一物耳，豈可謂之施動，復謂之受動哉？則受動者之他有所依焉，必也，有以他依他者矣。終不得指相摩相盪之動，爲無窮無極之動也。必有最初施動者爲之，而動不自動焉，是之謂寰宇之造主。

五曰，萬物匪全，匪全可加受所無。受所原無，則其所有，皆非本有矣。必有造之者，能以其純全加之也，是之謂寰[宇]之造主。

六曰，仰觀衆天轉旋，七政躔次，四時錯行，遞育人物，以生、以長、以終，禽獸、蟲魚之族繁衍，性情殊異，各有本則，不紊不爽也。非一靈主造之，其能然乎？是之謂寰宇之造主。

天主以全無造寰宇義第七

造之者，非造也。所以造之者，造也，非湊也。義極廣，舉其四焉。

凡藉質以成器，謂之造作。據土木營室，據布帛製衣，湊合已在之物耳，而非造其物也。

有略爾移换者，亦謂之造作。火近水，使寒漸去，熱漸入，是造物情，非造物體，使自寒變熱，漸引其情而使之變也。

有易原模成别類者，火焚木，去原模，受火模成火之類焉，此之謂切造作，非止變其情而已。

有從全無造者，始謂之真造作。不假料質，不藉器具，造物之質，造物之模，全能之真主能之，厥證有三：

一曰，造作者因能，能因體。體有所係，受成必不全。體不全，其能有限，其何能造物之全體也？今萬物以質模結成，則有所係矣。其能受多寡異類之變，第能傳所含之始，使他物受情肖類，終不能生他類之物也。從是推性作者之生，有質爲底而用始施，亦終不能以無物使有物也。若夫全能之天主，能以無有爲有，能以有爲無有，其妙于有也，莫增莫受，抱渾淪之全體，兼諸有也，無滲無漏，舉倫類之胥該，縱横出没，無所不可者，斯之謂萬有。萬爲無元之元也已。

二曰，作者彌超，致用之資彌寡。故性作者，貴于藝作者。虚靈之天主，其超超又何如哉？藝作之須質，固矣，性作者亦未免質之附焉。天主，造質而不需質，超質而不附質者也，何處不彰全能也哉？是之謂：天主獨能以全無造成寰宇也。

三曰，理之不相悖者，胥天主之能。夫從無造有，于理正未有悖也。人之性靈，生人而不賦靈，理之悖者也。全能而有不能，亦理之悖者也。從無造有，天主所能也。宜有而無，非天主所能也。是寰宇未造之前，可以受造。不必前有元氣他質，爲受造之容德之根柢也。必謂未造前，先有質底以受其造，是先已有矣，非天主從無造有之義也。于理正大相悖也，何者？他性之變化，居兩實界之間，火煎水，自冷變熱，冷熱皆實界也。水不得不先有底，以受其變。因不得不俟時刻之先後也，從無造有者，有一向實界，無一實界之隔也。方造即造，正如空中之氣，見日受照，何岐先後邪？

他物弗能造全有義第八

或以天主能以全能、傳造之之權于其物，以理學、天學證之，殆非也。造者之能與受者之兩界，相距宜稱，如冷愈甚，距熱愈遠，則須火力以逐冷，而傳熱者宜愈大也。有之與無，其相距也無際，而絶無與實有之相距，較兩絶異之有，其相距尤遼渺無垠者也。以故從全無造有，惟屬一全能之天主耳。則天主何能傳全能于物耶？良工手製奇器，手自若也，夫且不傳，天主其何能傳全能于物耶？聖亞大納削曰：治已有之物，物所共能也。治無物之物，物主之獨能也。司作者依賴之類也，無所依，曷能自無化有耶？貴如天神，不假質模之合矣，屬受造，不得謂之純全之爲者，亦不能以全無造有也。天主純一不二，體即其用，無從受，亦無從分，其所有，其何能傳全能于他物也？

能德不及施用，徒然者而已。性作者所生，與天主所造，未有徒然者也。物能從無造物，亘古以來，見之者誰乎？聖奧吾思定曰：天神不能從無造有，從無造物，與從無造己，其勢必等。誰敢謂天神能自造己乎？

天學諸儒曰：全能天主，能用所生之物，造他物，用有形之水，造無形之額辣濟亞者是也。額辣濟亞者，乃天主之愛佑，所加錫于靈神者。然物亦僅供天主之器具已耳，其何能自造物也？

令造物之全權，天主能傳，亦必不肯傳。傳則令受造之物，歸恩他物，而忘其本源矣。天主自云『吾之榮光，決不轉付于他物』者，是也。

天主自主造成義第九

作有二種：作而不得不作者，固然也；作而未作，能不作，作矣又能自止不作者，自主也。固然者二：一因夫本性，火之必熱，水之必寒者是；一從明悟愛欲之二德，發莫能止。天主第一位照其性，生第二。因第一與第二相愛，有第三者是。

自主者二。一天主悉備美好圓滿之理，非必藉于外以全厥福也。故愛德所發，非由物誘情牽，惟屬其自主者也。則造成萬物，悉亦屬其自主。一凡物所有之美好，胥繇主出。夫物莫美好于靈性之能自主也，豈至美好、至靈明之天主，無自主之德、自主之用，可云固然耶？何者？肇造萬有，非益其福也，布其福也。故能造于後，亦能不造于前。先能不造，後亦能不造。後能造，先亦能造。此天主之所以爲天主也。藉曰：固然，而已造于有始，何不造于無始耶？殊不知物主無始，則固然，亦宜無始。今既有始矣，可徵造之者之自主。繇是推天主明愛其性，謂之固然者，以其無欠缺也。若諸他物有欠缺，何足牽主欲德，而使固然愛之也？或曰：天主所知者，不得不知；天主所欲者，不得不欲。何以知則固然，愛則自主也？曰：論知與愛，本性之固然也。論所知、所愛之外物，知爲固然，而愛則屬自主也。何則？知之所向，是者是之，非者非之，愛則愛夫是者耳，非者能强邀之令愛乎？以人事證之，是非自外來，理所是，不得不是；理所非，不得不非也。愛德繇己能愛之，亦能不愛之，人情且爾，又何疑于天主耶？以是知肇造萬有，從無始時，自主及期造之耳。物固有從無造有之變，而有主之天主，曾不爲之移變也。

造成有序義第十

天主造人類付明德，令自審從生之原，致感謝之，而造成之序未悉也。特以其詳，默牖古聖紀（緑）〔録〕之，譯在《寰有詮》中，兹但舉其要焉。《聖經》云：天主厥初，造天地，與其間水、氣、火諸元行，又發光豁翳，爰定晝夜焉，次列分位，加文餙，充以相宜人物。計日有六焉，而造萬有之功竣矣。然天主不須時日，而《聖經》歷指造作之日數，歷歷可據，蓋欲人知各物各日之恩，而感謝之無已也，後另有一解。

一之日義第十一

《經》云：首日所造者，天一、地二、水三、光四，以主全能，自絶無而獨能造夫有也。

天者，最上之天，至光至静，而名光静，天者也。外無物爲下之界，内圓容諸天，外方舍將昇人神，顯至尊無上，並居所生之諸神者也。于是日從全無中，化九品天神，居以效靈焉。另有專論。

地者，體全圓，無高卑，含四窖。最深者爲永獄，刑鬼魔與諸惡徒也。上之爲煉獄，姑處夫善而未純者。又上之爲嬰獄，容嬰兒之未爲善惡者，無苦無樂之所也。最上之爲暫獄，有安樂無苦楚，居往世聖賢，待天主降世贖元罪，終引之昇天者也，今爲空所矣。各有專論詳之。

或以天主造至高至尊之天，宜也。造至卑至下之地者，何居？曰：寰宇如國然，國有賞罰，勸善懲惡也，肇造上天下地者，天主爲彰賞示罰之處也。故靜天最上，善良永福之居也。大地最下，邪慝永苦之所也。蓋善惡從原始，宜有應報及受報之二所也。必首造天，次造地者，先仁慈，後義刑也。且地立功暫處，宜冥而卑。靜天，乃賞功永處，宜明而尊也。大地之初造也，無少賁飾，無光無別，地被水包，沉沉漫漫，無所生焉。

水者，自地面至靜天，無他形，湛湛乎稀微之水爾，天主將以此備其造物之質也。

説光者有二。一謂天主初造明體，豫當太陽，以太陽至第四日始有也。所造之明體，靈者運之，至第四日變明體爲太陽焉。

一謂光非有體，亦非自立，依靜天與水體發之，循環不絶，以祛水之昏黯耳，第四日始有太陽。畀以大用，專顯其光，于是光始爲太陽之光也。二説胥是，後尤契夫《經》旨焉。《聖經》云『化成日月』，今云主命出光，可見始造之光，尚屬無體之光也。有光旋運，自足分別明晦矣，不必俟太陽焉。此即可以日紀，而云首日所造之功矣。

或問：首日之日，聖賢注《經》義者，謂在仲春。星學家之論亦然。相傳以春分晝夜平日，爲太陽周運之始。以他時有缺，仲春無缺，稚壯相介之候，陽和調適，正可發生萬物也。聖熱珞尼末云：寰宇受造之日，正當天主取人性降世之日，又當天主受難救世之日，是皆春分時也。所以必首是日者，用以完所造人物之福也。或以天地圓體日旋，諸方遠近時序之不同，而以何方爲運始？曰：有云始于如德亞國者。以遵崇正教，天主簡在之國也，天主降誕之區也，首宜享太陽之寵照者也。又有云造成天地之春，屬人初受造之方，在亞西亞區中，如德亞之東方也。則天地始有之春，始如德亞之春焉，必矣。

問：天主化生天地，質模並出乎？先造質，從元質造天地萬物乎？曰：聖人釋天主造物之初，質不先模，模不先質，合下有之者也。證舉其二：

一曰：天之質非天也，地之質非地也。天與地，質、模締結而成焉者也。《經》論天主生物之功，曰：『最初化成天地。』最初云者，乃最先之功，則模、質並生，不分先後者也。

二曰：質爲形物之一分，固不能自主，則受造之始，并合其模而受造之矣。

或曰：係形之模，得生得存者，咸繫于質，故謂之繇質而出。如馬之體模，其生其存者，繇有馬質在也。天主似先生天地之質，後繇質賦模，蓋繇爲繫者居先，繫者居後。曰爲繫者居先、繫者居後，固也。然有二，一謂時先後，一謂原先後。日與所射之照，原先後。照與所生之熱，時先後。論時，天地之質與模，一賦俱賦，無先後。論原，則質可稱先，模可稱後。是謂爲繫者居先，而繫者居後也。

二之日義第十二

一之日，静天至地皆水耳。二之日，以水造列宿上下諸天，並火氣二行。名列宿天曰堅定，堅定者，體不壞，星不移，包下諸體，而以其全名之也。静天以下諸體，隨水所在追琢之，凝成之。取其彌漫于列宿天之所者，成列宿天。取其彌漫于列宿天之上之所者,成宗動天、水晶天。取其彌漫于火氣之所者,成火氣二行。火氣之體較水澄,形天之體較水醇,似取火氣之餘質,補天體之不足矣。造之者不必以無造有也,取首日之物,轉以造之耳。《經》文曰:『主命堅定,受成于水。』而不言火氣。火氣有體無色,世人識短,通目所見,故聖人獨名天、地、水之三物也。凡物之分隔兩物者,必居中而接連之。今夫天不接水而接火,火不接水而接氣,則火氣居天、地、水之中也。天、地、水,包火氣二元行,猶堅定天包下諸體,並以名下諸體也。乃其繇是推火接天之圓而圓,氣接火之圓,水接氣之圓,則土之接水而圓可知矣。序何如?古星學測静天之下宗動天,自東而西,一日一周,帶轉下九重天,亦自東而西,復自西轉東,一日一周焉。次水晶天,精瑩無繫,四萬九千年一周,二百年弱行一度。帶下八重天,次列宿天,繫無數星,七千年一周。次鎮星天,二十九年一百五十五日二十五刻一周。次歲星天,十一年三百二十三日七十刻一周。次熒惑星天,一年三百二十一日九十三刻一周,次日輪天,三百六十五日二十三刻一周,一日約一度。次太白星天,次辰星天,周與日同。最下月輪天,凡二十七日三十一刻一周,又二日逐及于日與之會,日行十四度弱。自水晶天以下,皆右旋,高卑厚薄,運動速遲,各不等。相裹如葱頭,堅不可壞。星之麗天者,如節之在木,體如鏡如水，厚而著受日光，而退若本光然。天體如玻璃、水晶，明净無色，通透無蔽，光不能退。星之在天體者不等，愈厚者愈光明，愈薄者愈朦翳。因射光遠近，定大小之等。等分六，像分四十八，以便識別，有專論焉，西新曆學有別論嗣悉之。月天之下，有火輪，厚共四十六萬七千九百五十三里八十二丈有奇。火下氣，氣分上域、中域、下域，厚共二百五十餘里。氣下水深淺無定。水下地，周圈九萬里，厚二萬八千六百三十六里三十六丈有奇。蓋厚爲徑，依徑一圍三，以二十二之七之法測之，得圍三，厚不及一焉。日月星有體矣，光與德尚未之受也，此造物之序也。

三之日義第十三

造天地如築室然，既定厥址，須潤色之。三之日，主命地面之水，匯歸于一，曰海焉。露地居靈民，殖庶物。次命地不煩墾，生百物焉，《經》云『草自苞種，木自結實』者是也。復凹凸之，有山谷作界限，以掩避天風海水潮泛，以培滋庶物。江河轉運，以貿易有無。泉源流潤，濟旱燥，備飲濯焉。因各方土情，備所宜樹，生輒長成，賦傳類之德焉。

一説謂他體初圓，山谷高卑，始于洪水之後，殆非也。山谷，生民之大利也，厥初不可無，豈必俟千六百年之久耶？天主于三之日，分水于土，非移動土體，使深受水而高成山。何能然乎？時有變遷，高岸爲谷，深谷爲陵，水之衝決，地之震動，容有之，然實非始于洪水也。

或問：地生草木，亦生荆棘乎？曰：否。天主此日所生者，用以餙地面，用以備人須，無益者不生也。《經》述天主罰初犯命之元罪云：『汝逆我命，今地亦不若汝，命生荆棘。』則荆棘之不與草木同生，明矣。又此日制一最美處，以居人祖，所謂樂土也，詳析于後。

四之日義十四

第四日，天主造成日月衆星，命日司晝，月、星司夜，更使分晝夜，分長短，分四時，分寒暑，賦太陽、太陰以資生形物之德。蓋有形之美貴者，莫日月星辰若，主欲利人特鍾之，必成于第四日者。太陽初照，其光始被，上更有無元之尊，當獨欽崇耳。《聖經》訓人曰：『爾仰覩所利于己者之日月，之星辰，以爲光美，以爲廣大，而不復察造之者，更爲光美，更爲廣大者，何也？』

日月星辰，利益人者有三焉：一緣光，以分別物類；一緣日月會離，時序更，所需之物成焉；一緣日月星施効異，知雨暘寒燠之候，而人事脩焉。

或問：置日輪于四天，何也？四天，七政之中也。如帝王宅中，施光敷治，得道里之平焉。太上則遠而無力，無以煖寒地而育羣生。太下則迫之已甚，人物有焦殺之患矣。

或問：日月受造時，先置何方何宮？曰：按聖賢所論，天主造樂土，置日于正東躔，仲春之首宮，爲周運之首年。置月正西，令寰宇半受日光，半受月光，遍照寰宇，處處彰文采也。星辰受本性之全德，施効于下土者，亦如日月之無窮已也。

五之日義十五

天主于五之日，實氣、水二行之空，以備其飾。命水生鱗蟲、羽蟲之類，上飛下潛，生之長之，傳其類焉。古聖推用水生飛、潛二族者，用水以爲質始，非用水以爲作始也。蓋生覺之類，不能繇水氣而生，歸命于大主焉已。

飛、潛二族，取水爲質，而不取土者，二族之性，與活潑之情近。活潑者，水氣也，土何爲焉？猶之生獸，取土而不取水者，其義一也。

或曰：鱗屬近水分，水生是已。羽族近氣分，何不繇氣？曰：多瑪聖人分氣爲二域。上者受動于運天，亦稱爲天。下者與水行變化通，亦稱爲水。繇是知魚、鳥二族，不越本域，則但謂之水屬矣。

六之日義十六

造寰宇，别四行，各得其所。四之日，始加賁飾，靚完美。序有上中下者，因其分與所飾之耳。上爲日、月、星之文，四之日得之。中爲飛潛，五之日得之。下爲諸獸，六之日得之。天主以土質生諸獸，置相宜之地，令長養，令傳類，爲人利益焉。後之呑噬爲害者，非主初意也。人祖違命恣欲，致主之怒而罰焉，故也。

人類造始義十七

《聖經》曰：『天主第一位，示意于二三位云：「宜造人類爲吾儕像，爲萬物之主焉。」』蓋天主性以外事，胥屬三位共成之。然能事屬第一位，知事屬第二位，愛事屬第三位。故論人之造成，必兼述三位之功德焉，使人人知第一位者造成之，第二位者抹訓之，第三位者煉餙之。而造之之序，《經》述天主從大瑪則諾地，以土成形，自無中化成靈神，締爲全性。是肉體者，生人之卑猥，靈神之僕役也，賴靈神牖之，九思百骸之有所主耳，離則血肉之軀，一無所能矣。故靈神者，一身之宗主，成其人，絶庶物，近天神者也。加靈神以三能，司明悟，司記含，司愛欲。又能自立，與形體俱生，不與形體俱死者也。厥初生人，曰亞當，義取諸土，欲其顧名思義，卑以自牧，不爲形役耳。古聖有曰：『人身繇造之土，主從四方湊之。』故亞當之名，在西元文中含有四字，指東西南北之方也，示人生爲四方之宗主也。亞當生，主令之熟寐，取脅骨成女體，賦以靈神，名曰厄襪，命之作偶，俾其思夫婦，屬一體，而分宜敬愛者也。又婦由夫出，不可自專者也。夫婦止一，亦毋得相瀆亂者也。且欲後人知我等原共一父母,式相好,無相尤者也。造成二人,寓之樂土,錫以大智,洞天地之義理,悉萬有之性情,凡負知覺者,無不爲之聽命焉。命其篤生子姓,以傳人類,制寰宇,掌物品,包亨萬有之美焉。人能具體如天地四行,能生長如草木,能知覺如鳥獸,能明理如天神,故謂人爲小寰宇焉,謂爲形物之最貴焉,謂爲萬物之宗主焉,謂爲天主之活像焉。噫嘻,備之矣!

六之日之事竣矣,七之日,天主定爲聖日、主日、瞻禮日,欲人念六日之恩,恒存敬畏,毋敢少忽焉。又示人六日治世事也,七日治己功也,其曷能一日忘之焉?或以天主全能,何須六日之久耶?《聖經》弗悉其故,兹略測之:人物非能倏然而成,俱由節次矣。天主造物,亦何須不由漸次,倏然而成耶?十章中另有一解。

樂土景意義十八

天主制樂土,寓人始祖,其地不可以今日之山水言也,其物不可以今日之林竹華寔言也,不可以今日之禽魚鳥獸言也,其時不可以今日之晦朔盈虛言也,其候不可以今日之雨暘寒燠言也。天主揀美區于如德亞國之東,地湧四泉,澄泓淵潤,曰費筭，曰日完，曰弟几里斯，曰謳法辣德，天下之名江大川，胥繇此發源者也。中則二曜恒照，非此朗彼翳，長覩光天凈域之休焉。風雨時至，非曰忽猛忽驟，長被橫吹優渥之澤焉。鱗羽鮮好，非曰憎眼聒耳，恒供翔空泳流之快焉。卉木之佳者不具論，姑論其二：一樹解善惡，啖之而媸妍分，淑慝判焉；一樹饒葆摍，噉之而元氣充，大年登焉。居人祖于此，養其形，試其心，實其德，成其功，終昇之天國，享永久之真福焉。

問：天主至靈，知亞當、厄襪之必獲愆也，之必致討也，是令其暫時寓，而不欲其永久居之耶？曰：永久居之。天主之力，非人之力，非天主予人以權自主之意也，能暫憩之，而不能永棲之。人自招之于大主，何與焉？人自招之，人自艾之，追悔叛命之僭，而自補之。憶想樂土而不可得，因而遠想天國樂境，又不知其何如之大之美焉。自爾奮弱力趨之，不肯如向之逆命失夫樂土者矣。此天主至公，俾人自作自受之意也。否則疑違命不造樂土，亦將疑逆命魔鬼並静天奉命之天神，可不造矣。又將疑因逆命，亦不宜生人類矣。甚矣，臆私之不可以測大主也！

或問：樂土之存與滅。曰：據《聖經》，天主詘二人之後，命天神守之，不令得門而入之。又洪水襄陵，高出丈有五尺，則是景又似淪没矣。聖賢之論不一，言没者近之。

寰宇始末卷之下

極西耶穌會士高一志　譔
東魯遺　民李燁然
衛斗樞
西晉學　人韓　雲
段　衮
仝修潤

寰宇成全義第一

寰宇之名有五義，曰元，曰神，曰形，曰總，曰小。總解曰：天主從無始，含萬有元理、元則，因造成之，是謂元寰宇。繇元寰宇生寰宇，切要之有造九品天神，是謂神寰宇。有形之寰宇，切要之有歸四行與形天，謂形寰宇。合神與形，謂總寰宇。人爲萬有之要，具四行，與草木之生長，禽獸之知覺，天神之靈明，謂小寰宇。

總寰宇者，天地及萬有之統，西言萌鐸，即文章之意，且成全之義也。或疑四元行相攻，諸有相殘虐以致滅熄，且無益者多，則其間贅可删，缺可補，安在其成全哉？顧性、天兩學，並證成全，要理有三，弗之能易焉。

一曰，寰宇之大，及其中萬類，胥繇于天主所含，無不足之理。蓋人將造于外，先成靈象于内，肖像造之，外内無不符者，又何疑于天主耶？然内外相符者，論受造本有元規，非謂内理之全有也。

二曰，諸物之總類，凡自立者與依賴者四，所以然，與所以然之效，及有形者、無形者，純一者、雜合者，有魂者、無魂者，固然者、非固然者，寰宇之内胥備之，非特包物之總類已也。更兼總類之分類，初或未備後所得之類，初已涵生之作與德，則亦無有不備者矣。

三曰，寰宇所以爲成全者，蓋物各類有成全之妙，衆而相異之妙，異而相統之妙。寰宇備二妙，則亦無有不全者矣。何言乎？各類之妙也，物物之妙，得宜得之分數，因得相應之才情能力，是以適于用，成厥功焉。何言乎？衆而相異之妙也，宇内物類物品，繁衆莫可究詰，莫可窮紀，竟無有兩相等者。正如數之相演，本無界限，各相殊異之無等也。觀四行之合，超于四行之純，草木以有生，超五金；禽獸以知覺，超草木；人以靈性，超諸不靈者；天神靈不附質，超人類。即等次之，殊彰神功之妙，其于本類，有不成厥美者乎？譬人生體，有相異相超之分，然各體各具各全，不可謂之或全或缺也。總類之全等，有異焉者。如四行均純體，其間或輕或重，〔成〕〔或〕上或下，或熱或冷，或乾或溼之不同。五金均爲堅體，或黄或白，或光或暗之不同。草木均植生，或繇土，或繇水，所生或山或溼，爲體或喬或夭，或華或樸之不同。禽獸皆屬知覺，或毛或羽，或鱗或介。靈明者或附形質，或無形質。無質者復分三大等，等各三品，而各品曾無有不全者矣。何言乎？異類相統之妙也。物各有美序，各因本性，居所而安，不欲出離，離則求返本所矣。物又以相序，因而相濟。下域之物，受治于上域。上域之體，受運于靈者。各品之靈，受照于上品，相須相應，間不容空，以隔其統，乖其序者，非全成之妙而何？古賢譬寰宇爲金連環，又譬之大詩賦、大成樂，多而異，異而不相戾也。繇此知寰宇及其所含萬類，無有不成全者已。

其云諸有相殘虐及無益者，一隅之見耳。智者知宇内非特無餘物，且俱屬有益。聖奥吾思定曰：『設有不解藝事者，驟入工肆，觀所羅列多器，不審用法，必詫爲無用矣。或偶被火灼刀割，遂以刀與火爲傷人之物，良工嗤之。』夫寰宇萬物，何者非具妙用？不察造者之意，謬爲某物或贅或無益，豈知我不須，而六合之廣，民生之衆，自有須者。則夫不備此，而得謂之全成耶？

殊生妖怪諸類，有本性之成，益以徵寰宇之全焉。繪事于像中，微綴暗影，以映厥光。或于美容外，置劣像以顯其美。蓋正邪、妍媸，以相形而更著也久矣。奥吾思定曰：『人之醜惡，固爲世玷，然亦能全寰宇之餙，蓋以有惡者而善者顯，人競寶之焉。』又曰：『天主所以容惡人者，一俟其改，一藉以礪善人，煉其過，增其德耳。』又曰：『毒蟲等物，利益于人者有三：罰惡，試忍德，引迪人之不知不能焉。』蓋一欲免人身後之刑，二欲增人見脩之德，三使人知識力劣弱，不敢傲然自足也。因知天主雖以全能，能造多寰宇，又于所已造之寰宇，仍能復增多餙，然不可因謂此寰宇有不全者也。蓋物各有本性，安所適用，萬物之統，寔全界而無少缺也。即尊卑、巨微、强劣之不同，要于寰宇非特不累，且益增美。非然者，一人百體，取其貴者，但宜皆爲目、爲耳、爲首，朝廷百官，取其尊者，但宜皆爲執政而已。夫且不可，乃于寰宇之全美，責以萬類皆齊也，可乎？

寰宇可增否義第二

寰宇全矣，疑者以寰宇及所含萬類不可增。據性學、天學，寰宇雖全，無不可增者，何也？天主，無所不能者也，能增造形天幾重。純與雜，形與無形，活與非活之多類，各所有依賴之情，能增所原有，增所原未有；能爲可增，則亦能無所不增矣。但兩相增加，則不謂之原寰宇矣。蓋物之所以成其本性，繇其各分。分者變易，全者亦當變易。至各物所施用之能德，可更增，其作用亦可更增者，以能德與施用，皆依賴情故也。情固可加可減，而物之原性自若也。是知宇內萬物相稱之序，在本性，不在依賴物類。本性不受損變，即情或加或減，亦不失相稱之序也。人類藉篤修克補者何，緣初祖獲罪，致虧依賴之成美，藉主篤佑而懋修克補之，于寰宇美序，仍無改受造之初焉，而序之相稱，不在賴成也，明矣。

或以能增何不竟增之，曰：依上論，天主造成寰宇，無不自主。造者雖可增不增，亦不害其爲全也。豈可謂其能增，而反疑所造之不全耶？往世名賢曰：『天主者，論其有則無始，論其在則無限，論其知則無不徹，論其能則無不暨。』則天主造物，欲其增多增全，至于無窮無已，可也。于全能尚未盡萬一也，則亦何必疑其不增也？

或曰：寰宇初時，未得後之物類，則亦未得後之全美也。曰：寰宇初時，已備諸類及所以然之德，于寰宇之全美未缺也。太陽初造時，止太陽耳，未生金穀草蟲諸物也。而太陽自若也，亦謂之不全，可乎？

寰宇有幾義第三

説者以宇宙未必定于一，加多加寡，或至無數，據正理一而已矣。證之有三：

一曰：寰宇必全，一而無二。使二矣，同乎，異乎？同則無用二之，異則各不全矣。

二曰：寰宇，爲人物而造也。古來人物，止知己而已，止知一寰宇而已，見焉，安焉，自爲滿足矣。不復知有他寰宇，可徙之，可寓之焉。

三曰：各國載籍，記天地之原，萬物之造，止言其一。今無書可考，無理可據，無耳目可驗，而輒多寰宇之説者，何哉？寰宇，含萬類之異，止謂之一者何？一主所造，必結成一統，趨向一人，各類復恒守一規焉，故也。

次曰：寰宇一矣，可任多造者。造物者之能，無垠無際也，未始需材質，假器具，耗時日，費筋力，惟所命之耳。寰宇已成，而造者之能力自若也。造其一，非主力不足，或亦物理有所不可也。惟當時之命如是耳，則欲復造，亦復命之耳。繇是知天主非特能造多，即于已造之後，並能造所未造之物于無窮也，並能于已造者，加彩加力，更美更盛無窮也。然終不宜以此論之者，已成之寰宇，不可謂之或闕也。要之，全固能多，多不礙全，多固現全，一亦現全。此造物之妙，未易以名言思議之也。

寰宇穹窿義第四

寰宇之形穹窿。穹窿者何？圓也。何取乎圓？包天、地、火、氣、水之五大體也。五大體圓，則包之者不得不圓矣。

一解曰：七政及諸宿象旋運，明示天體以圓也。觀北辰居所，日月諸星旋繞，早出，午中，晚入地平，復從地平下行半圈，如地平上。星宿係天體，故以此驗形之圓也。不爾，星宿時時處處，近遠必不等。矧星近北極者，旋行之圈小而窄；遠北極近赤道者，旋行之圈大而寬。天體非圓，不能如是也。

二曰：星辰皆圓形，從天之下，四面覷之，用器測之，無時無處，無人不以爲圓形者。諸星，天體之一分也，分如是，全亦如是矣。

三曰：諸測天器具，必圓而準。四方之士用之，不謀而合。天非圓，何能若是耶？天體圓，四元行亦圓。蓋火輪切月天，氣切火，水切氣，地切水，共成一球。四行非圓，相接不切，中間必有空缺矣。空缺，物性所忌也，何能相濟、相連、相成、相存乎？四行之上面既圓，即其下之深亦圓矣。倘下有他形，則地心周圍，必不成圓矣。今地面無不圓，則其相接之水與氣，亦無不圓矣。證地之圓有數端：

一曰：測量日月星辰，四方近遠俱相等，則證地體必圓。二曰：從天上度數，作垂線至地中心，皆爲三角形，而中心爲等角。地不圓，角不等矣。又隔數百里，各竪百丈高表，各于地面作直角，其表址必相近，杪必相遠。何也？地形如輪轂故也。三曰：月蝕之形證地圓。月爲地掩乃蝕，蝕形圓，必掩之者體圓也。四曰：人物之環居證地圓。居東者，先見日月星辰之出，居西者後，以故彼此有晝夜遲速之異也。見日月之蝕者，東西有先後之次。使地方，則東西之人，必同時見矣。五曰：

人向北行，逾近北，則視北極之星愈高，南極諸星愈低，至北極之頂，而南極漸對足心。從北向南亦然。則豈不明地圓而非方耶？六曰：至言圓之所以然，地本甚重，力趨天中心，而爲甚下之處者也。各分同一性情，亦必同一趨向，亦必各欲得其本所。是以四面争相會合，遂凝結而成圓形矣。先儒曰地方者，論其德，非論其形。或曰：地有山谷，何能爲圓？曰：地初生最圓，于三之日，始有山谷。山谷勢微，于地球廣大，無足置算也。諸空缺處，水又盈之，愈致其圓矣。或曰：地既圓，則日輪始出時，與地平相切之線宜曲，見直者何？曰：線無不曲也。見直者，遠視之故耳。人目距日甚遠，但見日小，豈知其寔大于地一百六十餘倍耶？大者見小，則相切處之曲，有不見直者乎？試從高山望海，無不見平，而寔不平。蓋周線愈大，其中間各分之曲線，愈匿不見也。

或曰：水既隨地高卑，補填其缺，自必不圓矣。曰：水初受造時，無不圓，上論析之。後雖循地勢姑變其形，然本性愛圓焉。試觀滴水灑塵，體成圓。降爲雨雪，亦復圓。酌水滿甌，拱成穹形。則全水之圓晰矣，蓋以全與分同一性情也。航海者在東，先見日出，在西者必後，與居地者無異也。北行二百五十里，見北極高一度，南極低一度。望遠山，先見山頂，漸見山腰，近始見山麓，與居地者亦無異也。

海水非圓，何以若是也？月蝕時，地水合成一體一影，其影圓，則其體亦圓。從此知地有山谷之崇卑，較水不甚圓。又因地體乾堅，不能如水體之柔，流轉運動，得歸向地心，成絶圓形耳。土雖不甚圓，得水之盈科補空，共成其圓也。由是知水之本所，地面而已，得之遂安，不復欲下矣。復下者，趨補萬物所忌之空，隨就地勢，與之合成一球焉，斯已矣。使從地面至于地心，有窟，爲氣所充，水必下至心，以得氣之下位，就地體以成球也。

復詳圓形之所以然，所備之妙有六。一曰一界之妙。他形之體，無不以三界成之者：點界其長，線界其廣，面界其厚。獨球，圓形，其長無點之界，其廣無線之界，圜轉無始無終。但厚有面界，不可謂其大無外耳。二曰內容之妙。萬形之中，周線相等者，其内容積莫大于圜，又莫大于球也。三曰純而不雜之妙。他形無不雜者，如平者必多線，厚者必多面，三邊形平者有三線，厚者有三面，三邊上下不能成純形矣。獨圓形之周，止有一線，球止一面，不論大小，純而無雜矣。四曰中心之妙。他形之線，自心至外面界，有等、不等之別，則其心必不在中。三四邊之形，任定一點爲心，自心各至其角，線不論多寡，心愈遠，愈不等，何也？其徑線幾何之度不一故也。惟圓形，成平、成球，自其心至外界，直線千萬，皆相等。蓋其心在本形之中，度其内地長、廣、厚之容,及其周線之用,隨處俱可得心,求之極爲易矣。五曰易動易静之妙。他形不能動于本所之内,動必須出此所、入彼所也。圜形,不出本所,而能運旋易静者,天球周旋于外,地球静居其中。地球之静者地心,在中,萬方之重,下向地心,相壓相逼,愈重愈鎮也。不然,周氣之中,何以不恒摇,不恒震乎?視二半圈之相厭知之矣。六曰相運之妙。他形雖平,至相動時,必不容相反之動。方形多體相包,使其並動則可,雜動則礙。獨圜形,任其動之,或順或反,總無隔滯。圜形之妙如此,故寰宇及其内要體皆愛圜形,一則以易相存,一則以易施德于萬物也。

寰宇無所不備以存義第五

造成寰宇,寓人物也;萬類,供人用也。萬類不無變壞,造物主預防其缺,令各傳類,嗣續不絶焉。蓋先備一公質,受諸物之變化,次備所以然,以施乎變化也。質有二。一曰原質,能受容萬變于萬變所生之模,而自虛無模者。一曰次質,已有切模,如四元行,相攻相變,以致生成萬有之形之類者。其所以然,如天,日月星辰及宇内司作者,各賦相宜之性情,各加相稱之能力,令施萬效于四方,深淺遠近之俱至，不僁不勞，無私無限也。觀諸太陽，萬生萬變之司作也。置第四重天，居七政之中者，一以便施光于諸政諸宿，一以便照育萬物。又令斜旋，致生四時，因以養育之德，補各方各類之缺也。餘政各備德能，或以治人物之百體，或以主五金五穀之類，或以資四行及四時之變化，皆有利益，爲人所必須也。觀海江川泉，或明或暗，俱爾流通，或所不到，或到而不足，必令日月星辰，攝江海之水，結爲雲雨，徧曁下方焉。察四元行，亘古相攻相破而不致相滅者，有二情。一悖者，相攻相破，以致生他類。一和者，相資相存，而不至相滅也。察四時之序，或寒或暑，或寒暑勻。寒所虧者，暑補之。寒非徒寒也，寔先以陰育根本，來春之物，藉此茂遂焉。且寒嚴之極，非徑至于暑也。漸爲消伏，漸爲變換，皆以免人物之損害耳。太陽所未及照南北極之下也，加能力于主二極之本星，使能自治，且資育所屬之物也。赤道之下，太陽在頂，炎氣忒甚，幾致焦灼矣。乃多凉風細雨，使彼中人物，較他方快樂茂美更奢也。以故從古來物類，恒存且昌，未見或失傳、或損壞者矣。

宇内萬物之所以然有四義第六

所以然者，事物之性，係以生成也，有四焉：曰作，曰模，曰質，曰爲。作者，造其物而命之爲物也。模者，狀其物，置于本類，别之于他類也。質者，物之本來體質，所以受模也。爲者，定物之所向所用也。以車論，人爲作，軫、軾爲模，木料爲質，所以乘載爲爲。以人論，生人之原人，作也；靈神，模也；形體，質也；修德而終享福，爲也。四者，無物不具者也。質、模在物内，爲物本分。作、爲在物之外，超物之先，非物之本分也。四者，增之不得，減之不得也。細察物生之序，非先全無，後全有也。先備物質，然後模立狀質，成物類焉。火未生時，已有薪質，從破薪質，火之模立，成火類，别之于木類者是也。物無能自爲生成也，外作者，造主之耳。薪料雖備，未獲太陽，或燃以他火。新火之模，何由以生也？人未有妄造乎物者也，必有所主之定向定用焉。爲是也，火之煮烹，有所用之也，豈有用火無其意者乎？

又曰：即具奇効，究所以然，亦不過四者而已。初見自鳴鐘，必詫爲奇製，問誰造之，據何料質，作何意用？依然在四者範圍之中矣。

質所以然義第七

質者，諸性之本，造化之基也。論不一，有云從無始有公質，受萬變而終于不壞者，是即無極、太極、太虛之説也。據性、天二學正論，萬物公質，必有造始之者，造成于造物之公主，受萬象之變，而容德綦大，故謂性之本、化之基焉，受萬變矣，而性不受變。水之或熱或冷也，二模相去之際，水體不損焉。金之或方或圓也，成器應作者之巧，金體無壞焉。木之變于火也，火之變于氣也，氣之變于水，水之變于土也，四行相變之際，有公質爲諸變之底也，否則四行變耳，曷能爲變，何也？一敗而無有，一從前無有。二模之一往一來，何藉以續而得相變乎？蓋新來者始于無物，化去者歸于無物，相生相變之序，據無定理，從無定規，不其紊亂乎造化之統紀哉？以日用之理證之。吾日啖殽饌，非特裨吾力，且大吾體也。使殽饌之模去質壞，則力無繇補，體無繇大矣。是知模去者，質必存也，加于吾體之元質，屬于靈魂，因而體幹漸覩魁梧耳。乾薪燃火失本模，受火模，薪之元質仍存也，故火見熾耳。薪之元質不存，則火熾之理，從何證之？是元質者，不賴他物，而爲自立之體也。賴他物，則質之外，有質之質，變可勝窮哉、然尤獨成于造物之主者，以他作者之力未及也。他作者之力，内模所傳本模也。其德有限，非借質不能奏効也。而元質于物，不受造，不受損，驗之萬物萬變，不受變，亦不受壞也。然則元質能自存乎？然止物之分，非物之全也，得模配合始存耳。手足絶于本體，有能自立自存者乎？則變化之際，一模出，必由他模入；後模不入，先模不出矣。否則二模之公質，或空而自立，或並容二模矣。夫以一物置二異類，此豈性之理也耶？總約上論，曰：質爲形物之分，自立不賴他體者也。向模者不能獨立，不能並容兩模者也。受萬象變化，容造作之力，聽其用，不自施其力，又不能定其所宜受之模者也。大地包含萬卉，非自生發也。大陽温氣通透其脈，始生之木金，容萬形萬像，作者之工巧爲之，未有能自製自成者也。

質分二品：一總質遠質，一切質近質。凡質未受依賴之模，及幾何之定分，亦未定所受自立之模，合成一物之類，能容受各模及幾何之各分者，是之謂總質遠質也。質已受幾何之定分，及他依賴之定模，受自立之定模，合成一物之定類，是之謂切質近質也。蓋受幾何之定分，及依賴之定模，元容之廣，不無約焉，而僅受乎自立之定模，此質之所以然也。

模所以然義第八

模者何？狀美其質，而置物于定類者也。其一自然之作者所生，其一人工之巧者所制。自然，有自立者，金石等類；有依賴者，熱冷等類。自立之類，有離于本質而存者，人之靈魂是；有不離于本質而存者，水火等類是。乃有疑自立之模爲無者，意以物有質得依賴之模，能別于他類，能行于本類，何俟自立之模耶？火之質，得乾熱依賴之模，別于水土諸物，又能行焚燃等情，何必自立之模耶？說謬甚，下有實理駁之：

一曰，模者，定各物之類也。物以質相適而同，以模相異而別。物有自立者，當有自立之模以使之。無自立之模，則物模皆依賴，將物無自立者矣。

二曰，人與人較相近，謂之同類；人與馬較相遠，謂之異類。所以相近相遠者，非依賴之類也。蓋依賴之模，彼此均有，因謂相同。惟自立之模，彼此各殊，故謂相異也。

三曰，物各有本性本情。人之智，犬之吠，雞之鳴，獅之吼，大黃清血，人參補氣,非繇夫質也,非繇夫依賴也,生于自立之模者也。人將生時,身質受依賴之模,未承靈魂之模,是以未能論理;未具嘻笑等情,則亦未足稱人矣。因知自立之模,獨定各物之情勢、力量,因定各物之品,而别之于他品也。故自立之模于物也,就之成,去之敗。以故性學之師,論自立之模者,以爲諸物之切理,諸性之尊分,諸情之本原也。若依賴之模,從物性,不足成性。可來可往,而物之理猶存。在彼在此相同,而物類猶不同,奚能定各物之品,而擇辨于諸他物之品乎?

模繇何生立義第九

模之從來,古有三説。一曰,諸模非生,胎乎質内,後顯之耳。此説大非,何也?據上論,物之質,不能受造于物。據此説,物之模,不受造于作。惟先藏後顯,則物生非生,止顯之也。敗非寔敗,止藏之也。相生相敗之理,何在乎?譬如巧者,刻木治骨而成器也。所制工巧,非工之功,惟藏于骨木内,工但引使顯著耳,豈其然哉?一曰,模非繇質生,從外至,合諸質而成其物也。此説亦非,何也?據其説,質于模之始生,悉無與矣。物之生敗往來,無定規矣。是生時,從無物而生;敗時,則歸于無物，豈性理哉？正論曰：性模繇于造作者，新生而顯；形模雖係自立之品，但始造時，未免有質者爲之資。蓋造作者非得其質，無所施力而生模；模非得其質，亦無所容立以成物。造生矣，一失其質，弗能存矣。惟人之靈魂無形，不必質生，不必質存，離形體，能存不壞者也。第靈魂未賦，須私作者預修其質，致全軀體，始受靈魂，則靈魂蒙造于物之公主也。他模既有形，而私作者之造生，必須其質，一受作之施用，一質模以生存。火爲私作者，欲傳其性而生他火，必須乾薪爲之質，一以受熱乾之德力，一以受私火之模，與之合而成火性，使無新料。則先火之力，繇何施行？新火之模，繇何生立也乎？

模質相結義第十

宇内凡有形全物，無非合質模而結之者。質爲物底空，而向于模。模爲物理實，而向于質。得作者之力，相附合，致成其物也。質之容德廣，無模不向。模有定限，取其質之一分，以狀充之，未能足諸質之容，而滿其願也。質未分時，無定數，無定向，能受各類之模。受之，則其容約向定模，不能受各類之模也。微蟲之質，未能受熊羆之模。熊羆之質，未能含巨象之模矣。明此理之所以然，知各物之模，定幾何之分數，定力量之情勢。以故作者，凡欲生同類之模，必先取質相稱之分而脩治之，然後生其模。彼質與之合結，以全成一物之類也。夫質之一分，既納相稱之模，必安而足，非不獲已，不舍矣。但或作者後施力生新模，于是舊模敗而質捨之，復合結于新模焉。是知凡形物之類，切係于模，各模必有分數。因之定，取其質之一分，以狀充之，然後與之合，結致成類也。即形物之内，有質有模有結，質模之所以締結，又有幾何，及諸隨性之情。要之物理，猶係乎質模相結者而已。餘皆爲依類之情，不入物理。物須以生，須以全存耳。如形體已備，靈魂已造，締結之則人性立矣。形之巨微妍媸，神之賢愚聰魯，隨性依賴，非入夫性之理也。

作所以然義第十一

作之義廣，凡能造始，皆謂之作。有自造者，如火生火。有附他造而不自造者，如指引，如勸訓，如命使。自造有繇本能者，工運器制物者是。有依他能以造作，鋸錡等是。自造又有疎親、公私之殊焉，造物主謂之宗作。大無對，公無私，親無疎，能無窮，力無限，諸作無不藉其力，從其命者是，本論詳之七政，天謂之公作。諸有形之物，合其公力而生他物，所云日與人生人，與馬生馬者是也。能傳類而生他物者，謂之私作、親作。作之正義也，物所切以始生者耳。何者？宇内自立之物，從最初受性于造物主，欲自存，無能存其體，但欲存其類。是以物初受造時，並受傳本類之能力，物各生物，則亦可謂之作者矣。而志于傳性存類者，私作也，生同類之物焉。志萬物之生，志萬物之存者，公作也，生萬物，不生同類焉。如天不生天，日不生日，其體恒存焉故也。

作者之能德何義第十二

作之義明，兹析能德之所自生，所自止也。凡屬性理之作者，未足造全物，蓋各物之質，受造于宗主，不復受造于私作也。私作者，德有限，不能以無物造物。火將生火，無料生火，合理否耶？私作者之能力，止造同類之模而已。則火止生火，而不生水者，以作者之能德，從本模而出。各模既有定類，必有定能、定力之數。則其造作，惟至于同類之模而已。令各物能造别類之物，則造化之序，與性理之論，無確據，無定規矣。乾坤日月，諸公作之能力，固超私作者之能力。與之合，能造各類之模矣。于已相類之模，則萬不能造也。繇是知作者之能力，皆繇于作者之本模，施于外焉已耳。而模非得依賴之情勢，爲其物具，必亦不能造生同類之物也。火將生火，必先以熱乾之情勢，薰炙薪料，令漸棄寒溼，然後造生其模于薪料中矣。使薪料未受熱乾，去冷溼，其何能受新火之模耶？其所以然，則作者之德，有限有數，非用本性之情具，不能親傳其類也。如木工非鋸錡，不能制器。作者將傳其模于外質，先必除諸礙，及諸異情。斯能受其新模也，屬性之作者，誰不其然而疑之耶？至作者各性各德之不同，各用之物具情勢亦不同者，後有本論詳之。

爲所以然義第十三

上古論性之所以然，于爲之義多闕。爲者其驗至微，殊爲難測也。中古明哲始析之，以宇内之物，有造作而出無意者，妄造作者也。人將有造，必先于未動時，明其所造，意定始動焉。奚有欲造，而不先立乎意者耶？禽獸不靈，凡動，非趨利則避害耳。下品之物，一上一下，求其所傳其類、全其性、盡其職，即不明不覺，不能自立乎，意者，要亦依宗作者之公意，以爲之動也。以故性理實學，于爲之之義，首冠之于先，三所以然始施其力以得之也。所云爲者之意，先諸所以然；爲者之得，後諸所以然者也，射者欲中，先立的焉，豈有未設的而求中者？故不洞晰夫爲之義者，亂物定序，舉諸造之緒，淪入于偶然妄動之鄉矣。爲于人物，有二功焉。其一，先懷可愛之美好，動人物之向與從，心之德、身之康，備可愛之美好者也。人一識之，無不向，無不欲得之者。于是乎淬凝德之功，蓄延年之藥，以遂其初意，使德與康無美之可愛，孰肯向而從哉？其二，器具之精工適用者，亦莫不欲之求之焉，究觀物之造動，無有不然者。如高位者火之所，下位者土之所，火與土莫不向而就之，乃火備輕，土備重，以爲器具，而以火與土用之，或上焉，或下焉，獲其所而享夫安定之美矣，此爲之之義之妙歟？

造化之功非爲者不遂義第十四

或云，物性無定意，無定規，乃造化偶然流通值運，物乃或生或滅也。有定意、定規，何至地震山崩，江海溢泛，風雨狂暴，四行錯亂，四序乖和，七政違度，猛獸殘虐,靈民憂患,草木之種,益者有數,毒者、無益者之無算耶?殆非也。覆載之內,百千倫類皆爲異性異情之動,而猶相應、相質、相符和,正如脈絡之貫洽,有流通,無舛盭也。異物之和,是豈偶然所致耶?使偶然,又胡能永存也?相和永存,定有公美,爲萬性之所共願而共向之者矣。是公美,乃萬物之統紀也。萬物之統紀全,而宇宙之倫序,皆可保存無乖廢矣。又曰,物生有所繇之種,因各得其所。蓋人繇人,非繇魚;魚繇魚,非繇鳥;鳥繇鳥,非繇獸;獸自成獸而已。人履地,魚愛淵,鳥愛空,獸愛野,相安以生,豈魚翔于空,獸潛于淵,而得安也耶?因知物,定有所從之規,定有所向之爲者,萬萬不亂也。仰觀上天,運旋躔次;俯察下地,產業經營,無不各急所圖之美焉。考百工,曉夕攻苦,豈有一無所爲而爲造者耶?豈造物宗主,于其大造,反無意,反無定規乎?哲者燭明其全,愚者昧其幾,而不及察耳。設令無爲,繇何有先明而預言之也耶?物之動,間有出于本所以然之外。本分之外,必不出衆所以然之意外也。水之性,就下者耳,遇空則上以充之。人之手,欲自存耳,遇首與身危,必忘己以救之也。故曰,物性所向之美好有二:曰公,曰私。二者不可兼,則先公後私。凡物質本性之意,必不負衆公性之意也。不至存己性,亦必存一類之性耳。此理極確極深,静會者得之。若云人之苦,不若獸之適,則聖篇切究其旨,謂蠢者一生之逸樂，不如靈者片晷之實樂。靈較蠢，間有所短，但其所長于蠢，何啻星壤已耶？夫物之不利者有之，然其微有所損，而不害其大有所裨也。如毒物，無益者耳，備良藥，治多病，釋他毒，必需之。則宇内何物無益，何物無爲邪？約而言之，物有三品。一，預明其當然之美好，立意趨向之人及神是也。二，知覺其當然之美好，而歸就之，不能自立，不能慎動，動又不能自止，禽獸是也。（一）〔三〕，不明覺當然之美好，公主俾之動，遂其性，得其所，天地四行及諸他類是也。然則造化之功，非爲者其何能遂之也耶？

寰宇何爲而造成義第十五

爲之所以然，固有二：一屬爲，一宗爲。繇前諸論，屬爲，爲人，已知之矣。茲則言夫宗爲者。依聖賢定論，宗爲者，造物之主也。何則？凡作于所作者，有定向，是爲也，而況靈作者乎？天主，萬物之造始也，則並爲萬物之終也，理必然矣。物之生者，欲成就而生，則亦欲成就，得終返所出之源焉。如作圓形，規運已徧，返所出之始，此諸像中全成一像。故周動之動，返而歸其所出之處，爲諸動中全成之動也。萬物既受造于主，無不欲歸向之以受成全。觀天主所賦靈性中，明、愛二德，用能以之虔事造己之主，復無源之源。其他諸物，咸各事人，利人，贍佐人，得終返原。各復所出之始，又何不如規之周運成圓者乎？萬物各具天主迹像，雖不盡無限之妙，然亦時肖似之。蓋物類各備性禀、美具、資用之三者焉。其一，物各有質，有模，與其中所締結，三者合而成一性，以擬天主三位一體之妙。其二，物各禀本類所當有之全美，以影造物者無窮之智。其三，物各有所適之用，俱能益人，以宣造人者無量之善。繇斯以觀，宇内萬物之來，皆從無原之始受造，仍各因本性之美，形容元始之妙。則畫一環，始于一，而終于一。蓋以云物之始，莫能兩大兩宗，則物所終歸，亦莫能兩宗兩大矣。而正所以然，以作者于所行，無不于所志之美好。天主既以全能，從絶無造物，其所志美好，非有限之外美好，乃其内所含無際之至全者也。凡物所有，並所可有，及靈心所能思念之美好慶福，物主盡包含之于己者也。故凡造時，必弗能他適，無所待，並無所冀于外，則惟志于己無窮之美好而已。《聖經》云：物主所造者，爲己而造也。造天地萬物，非益其福也，布其福也，宣其善、其智、其能之全妙，使神與人思憶之，感激之，事奉之，竟歸之，而同享天國無窮之福也。斯所貴夫天主矣。

何以謂宣著其善之妙？察宇内萬類或予以體質，或加以生命，或賦以知覺，或加以靈性，各類品之性情能力，種種不同，各呈其奇，各備其取，各適其用。而推其所繇，原非至善、至美好，能若是乎？大主造諸物，咸施之以其美好者，益人物，非以益己也。然己之至善，且益著矣。

何以謂宣神智之妙？察宇内萬物節次，置之高，置之卑，置之中，各具所以就本位之動焉。各動之内，或近或遠，或剛或柔，或熱或寒，或乾或溼，或疾或遲，若予以相悖之情，致相攻破，然生種種他物，而加以相和之德，致相存焉，且布列于相宜之地，不使亂焉。故古之大賢，謂造物主，靈智之至者也。縱無他證，即其所造寰宇之妙，序及人身之巧功，已足證之矣。蓋蠢者無序，故所行多悖。則夫序次愈巧，愈徵造者之智大而妙矣。

何以謂宣其能之妙？天主䊮造寰宇萬物，非待時刻，非藉材質，非資器具，命有即有，造萬物如造一物焉。力不勞，有不虧，一照全知，一願全成者也。太陽全光，普照各物，曾以物之多寡，爲盈歉安勞也乎？則造成萬物，而置之相應之地位，俾獲存留養育，不使損壞焉。存留養育之際，一蟲之微，天神之尊，不分難易，不歧遲速也。

或以天主欲造寰宇,何必遲遲,而不于無窮之世、數萬年之前造之乎?傳其性内無際之美好,顯其全能之神妙,或先傳焉,不于人更有益耶?曰:上論已定造成之功,非爲固然,出于自主,則豈更可以淺識推測,而以先後早遲之宜疑之哉?蓋至靈至公之主,于其造作,自然有適當之期,人之思憶不及也。帝王爲綸爲綍,臣子莫由測識,況至能至智之天主耶?令天主于億萬年之前,造成寰宇,先受造之人,亦將疑之,曰何不早造,而必待此時乎?則此非窮理者所宜究也。而所宜究者,寰宇何爲而造也,爲人類而造也。爲人而造,則應人人昭事也。人人昭事,則庶幾仰答其萬一也。報答不遑,又何敢疑其先傳也、後傳也?而以人力與造化争耶?夫先傳,妙也。未當傳而不傳,亦妙也。當傳而傳,亦妙也。妙,一也,何所滋先後之疑也?施惠于人,有速之可,遲之亦可者,安所疑天主傳物之妙理耶?則天主造寰宇萬物之于有始時,而不造于無窮之始者,正欲人識所從出。爲無元之源,心存葆認,不敢負所有,忽之忘之已。

或云:天主未造寰宇前,何所造耶?無所造而逸耶?無天地以昭以明,何所顯其福耶?曰:天主至靈,能明性無際之妙,性爲至善至美,亦何能不愛之也?從無始，恒明其有之妙，恒愛其美之全，而可謂之閒逸乎？則天主滿足全福，不因造萬物而謂之滿足全福也，造萬物，明愛其性之美焉耳。

云：寰宇未造前，何在？須知天主造前造後，不論實有物之所，空無物之所，畢竟無所不在也。藉令天主從無始，不在于斯，是人之所，空虛無物之所也，何能造成天地萬物也乎？天主性體無際，必不以寰宇之隘限之，使其不伸出于天外無窮之所也。寰宇之外，尚能造無數寰宇矣。全體非先在彼，安能于此造之哉？因知天主先在彼所，造之之後，物變而天主之性體不變矣。

四元行于所生物存否義第十六

天主造寰宇，計恒存之，造四元行，以爲造化之種，萬物之資焉。元行者，純而不雜之謂也，乃目所見，與理所驗四。元行時相攻，以致生物，則亦未有不雜者也。然謂之情勢之雜，可矣；謂爲性體之雜，未也。蓋四行爲元行，元行而雜，則不謂之元行矣。火之質，止懷火之模以成火行，未能容他行之模也。情勢之雜，四行相攻相破之際，未免以情損之。土、氣二行爭矣，土之冷、乾二情，遂被氣之熱、濕二情攻損，于是土不得其情之純，然而性之不壞不雜者，依然全純也。説者以元行相攻破之勢，生諸形物，疑元行之存與不存。談性理者，見形物于壞散時，必歸于四元行。以木焚時，歸于煙氣，歸于流水，歸于灰土，而終變乎火，故以驗四元行，必存于其所生之形物而不壞也。非存物壞時，元行胡能復出而顯著耶？而性理之實論則曰，四元行于所生形物，止存其質與模之德，而不存模之體也。證之有五。一曰，形物各有定質之分數，與定限之能德，以施夫本類之効用，則物各有定模者，自不能多矣。蓋元質依上論向于萬模，而不能自定其所當受幾何之分數，與模，與能德，惟聽作者之制定之已。則質受定模、定情、定德之分數，必不能並受他模、他情、他德矣。宇内形物，各備相稱之模及情及德。于四元行之模、情、德殊異，則四元行之模，必不存于其所生之形物，明矣。二曰，觀木變化于火，非先失木之情與模者，必不能受火之情與模者也。正如實器，非先傾所貯之液，必不能受容他液。二模不相容于一物中也，明矣，况四模乎？則四元行，凡生他物，非先失棄本模，定未能生成他物之模，又甚明矣。三曰，藉令形物全存四行之模者，則一物内必懷五模，及五模之切德切用矣。是人可謂爲人者，並可爲火，爲氣，爲水，爲土，蓋因火之模能熱，因氣之模能涇，因水之模能冷，因土之模能乾也。夫物模非得相宜之情，不能久存。四元行既謂全存于所生之形物，必亦存其元情。于是，各物懷四行之異情、異模者，自亦不能有定性、定類、定用矣，皆性學、理學所不敢出者已。四曰，世物各得一模，則足充其類，又足自施其本類之効，何須多模？蓋物性不願繁，不愛贅故也。五曰，宇内形物，多有奇効美用，四元行所不能及人之論理，禽獸之知覺，樹木之生長，花艸之馥郁，磁石之懸鐵，琥珀之拾芥，葵花之朝日，蛇木之解毒，水銀之歸黄金，無慮之異効美用，非生自元行，另必有他模以生。而四元行之諸模，既無切効，所施必無存矣。所存者，相破之情耳。蓋凡物已成，内必懷熱、冷、乾、濕四情，一以驗其所從出，一以資其作用，一以存其體而已。亞里多，性學之宗也，嘗曰：『所謂形物，皆從土、水、火、氣四元行生成者。』不寧謂從四元行之情、德而生成乎？故云，四元行于所生之形物，止存其質，與其模之德，而不存其模之體，是也。然所存之德，非全德也。模之德全，模之體亦全矣，則所存之德，破之餘耳。蓋四元行之情相攻破，致其本模滅，而他模互生。乃知元行之破情，爲其正情，以致能施本性之効而自存矣。

云：形物壞散時，必歸于四元行。木焚時，有煙歸氣，有水流出，有灰歸土，以至成火者，皆非也。何以故？煙非氣也，灰非土也。所見火，非先藏于木，而惟新生之火也。所見流水，水滋生之液，非真水也。即爲真水，外漬之水，非本質所懷之水也。繇此知宇内萬有，從四元行而成。然不存元行之模體，而止存元行相破之德、情者也。

宇内萬物宗品義第十七

繇上諸論，推造成之物，宗品有二：一曰自立者，一曰依賴者。物之不恃他物以爲物，謂之自立焉。物之不能自立，而托他物以爲物，謂之依賴焉。自立之物，有形如天地，無形如神。有形之物，不朽如天星。朽之純者，火、氣、水、土雜者，四元行結成之諸物，未全者如雨、風、雪，全者如金、石、玉。或非特成全而又生長如草木，生而知覺如禽獸，知覺而論理如人類，或不假推論而洞徹物理如神，此皆屬自立之宗品焉。依賴物之宗品，分爲九府：一曰幾何，一二三、寸尺等，二曰相須相因，君臣、父子等，三曰何如，白黑、熱冷等，四曰作爲，化傷、走言等，五曰抵受，被化、着傷等，六曰何時，晝夜、年世等，七曰何所，鄉房、廷位等，八曰體勢，立坐、伏倒等，九曰穿得，衣裳等。此皆屬依賴之宗品焉。依賴之物，或有形而賴有形自立者，五色、五音之類；或無形而賴無形自立者，五常、七情之類。要而言之，宇内萬物之極清靈者，無不含自立、依賴二品，而雜無全純者。全純無雜自立者，獨一造寰宇萬物之公主而已，故超絶諸性，當獨爲尊崇云。

寰宇永存否義第十八

說有三：一云寰宇無始無終，一云有始有終，一云有始無終。而有始無終者爲是。請證之，曰：寰宇有始，已晰首篇矣。約論云，民所須以生之之萬物，皆有始可考。人物之類，亦有原可考。則天地，亦不能不有其始也。脱人物有始，而天地無始，則最先人物何據，而驗天地常在而無始乎？曰天一有遂動，既動，必如今日之自東而西，一日一周，明日復還本處。如此，則必可言一日之前，無天可動，無地可成，無物可生，即此爲天地之始矣。倘天原有而無動，是迷于物性之理也。使有天不動，則草木禽獸，及靈民生養之意，安從出乎？

次曰：　寰宇有始無終，依上諸論，天本不屬損壞，其動亦係天神主運。天神之力不衰，即天之運動亦不復止。四元行雖恒相攻相破，然以繼造化之業，而終不能相滅也。試察數千年之前，四元行無時不相攻破，而今皆仍存，則萬年之後，亦未能自滅可知。天地及諸元行既未能自滅，則造化之業，永可保存而終不斷矣。蓋宇内凡屬造作之物，有質有模。而其質者，依上論必不能損壞。其模者，雖能損壞，但未有新模繼入，其舊模必不能出離，以致其質獨立，而物體不全也。因知造化之序，自不終熄，以衍于無窮矣。

次曰：　寰宇雖無絶端而終可存，但其後來之勢，于今必異，何也？稽《聖經》，曰後人類生意窮盡，衆天必永静不復運矣。蓋天運之爲者，人類之生育而已。人類之生育既息，則天不須運動，而主動之神，必輟其功焉。又因寰宇萬生之造化，祇爲輔資人類而行，故與人類並息，宜也。自是上天不運，下地不生，禽獸不育，草木不長，凡屬行之物，盡毁燼而無餘。又按《聖經》，謂衆天當是時，將蒙造物者加光，其輝七倍于常。至四元行者，更將煉精而消絶其相雜之渣滓，又永相協和，不復攻損，其他負形之物，皆將盡化而歸于元行，終不復結而生他物焉。但此日後之勢，非自然而然，造物者命之主之耳，無理可據，惟依經典，及古今聖賢之所傳，而推論如此。此意詳于《審判日論》中。

遵教規，凡譯經典諸書，必三次看詳，方允付梓。兹並鎸訂閱姓名于後：

陽瑪諾

耶穌會中同學傅汎際共訂

羅雅谷

輿圖彙言

代國慶　校點

本書係國家社科基金一般項目
馬尼拉搖籃本漢文宗教典籍的整理與研究
編號：17BZJ028階段性成果

提要

明清時期，入華耶穌會士以其科技、藝術才能，出入宫禁，位列官秩，以致『科技傳教』『上層路線』成爲此一時期宫廷耶穌會士的顯著特徵。他們以欽天監爲中心，網羅了一批奉教儒宦，在天文觀測、繪圖製器的同時，亦『復遡流而窮其源，獲知創設萬有一大主宰』，科技活動與宗教信仰相輔相成，渾然一體，造就此一時期宫廷中靚麗的『西學』景觀。此間不乏中國奉教士人跟隨研習，並撰述成文，《輿圖彙言》一書便是其中的顯見代表。

《輿圖彙言》典藏於法國國家圖書館，在此之前鮮爲人知。古蘭對其作了編目，給予簡單描述。其中一部編目爲Chinois 4936，古蘭稱之爲《全圖會意》，一卷，手稿，視之爲混雜了天主教和中國思想的天文學文本。另一部編號爲Chinois 4937，名爲《輿圖彙言》，一卷，手稿。兩書内容一致，前一部是殘本，缺少封面、目録，徑直從是書正文部分『全圖會意』開始,故名; 後一部内容較爲完備: 封面頁寫有『輿圖彙言』字樣,但未載有任何出版信息,以致此書的作者、寫作時間和地點等闕如; 其後是目録,共兩葉,以『全圖會意』爲始,共計五十二目,上下兩排排列; 再後正文,共五十葉。嚴格而言,此部手稿仍不足以稱之爲是書的足本,缺少了附圖,此書文字及整個篇章架構正是圍繞這些圖繪而依次展開。

是書的作者顯然是天主教徒,且爲利瑪竇神學路線繼承者。全書主要講述天文、地理、器物等自然現象或物體,但充斥其間,統合其上的卻是天主,訴求的是『祭一天地真主,爲共教大禮』。同時又對異説予以駁斥,『今以西學欲斥雜亂之説』,呈現出鮮明的宣教護教色彩。作者在書中倡言,以西亞細亞舊邦如德亞爲『吾衆元土』,以天主創世、耶穌誕生爲紀年根據,這無疑是作者虔誠信仰的具體呈現。作者的天主教信仰亦呈現出顯著的儒化特色,與利瑪竇開創的神學路線一脈相承。他把利瑪竇稱之爲『昔儒』,視之爲『前聖之道學相傳真血脉』,嚴厲批駁宋儒爲『僞學者』,認爲他們『廢絶天地原主,無不援古儒入佛老,無不推佛老附後儒。皆或以實原爲虚無,或以虚無爲實原』。作者推崇『古儒』的上帝之説,斥責濂溪的太極之論,這些論説的思想根底可溯源至利瑪竇。從中可以看出,作者對儒家不同流派有著較爲清晰的認知，其間不乏引徵陳摶之長夢、廬山興學等典故，這是西人難以熟知的。文中對傳教士以『西客』『西士』相稱，這透露出是書作者並非西洋傳教士，而是本土的中國奉教者。此人不僅諳熟天主教理教義，而且對當時傳輸入華的西洋天文、地理等西學有著較爲完備的認知和理解。他或許不能位列『天文名儒』，但亦非『初學者』，或爲清廷欽天監屬員，或與欽天監傳教士關係密切者。

是書自言『自初生人類，至今未滿七千年』。在此，作者根據的是七十士聖經譯本中的創世紀年，公元前五二〇〇年爲創世之始，後推七千年則爲公元一八〇〇年，未滿之説則指向一八〇〇年之前。文中又言『惟一千七百年來，修化祭禮，俱歸一共主』，即此書之撰述在一七〇〇年之後。《全圖會意》一目的首段抄録自艾儒略《職方外紀自序》，比對兩文，我們不難發現，《職方外紀自序》中的『歷』『弘』改易爲『歴』『宏』。這顯然是避諱當朝乾隆皇帝的名諱，可知是書成書于乾隆年間，即一七三六年之後。另外，此書對世界諸大洲『歐羅巴』『利未亞』『北亞墨利加』『南亞墨利加』諸條内容的撰述與蔣友仁《地球圖説》中的相關條目基本一致，這透露出是書作者曾參考、抄録蔣友仁書。據鄒振環《蔣友仁的〈坤輿全圖〉與〈地球圖説〉》考訂，《地球圖説》與其另一部圖繪作品《坤輿全圖》同時撰述，當在一七六〇年至一七六七年間。我們甚至可以大膽推測,《輿圖彙言》的作者不僅參考了蔣友仁的《坤輿全圖》《地球圖説》,甚至還參與過蔣書的修改潤飾工作。由此推測,《輿圖彙言》的成書時間應稍遲於蔣書,大概在十八世紀六十年代。

是書包括圖、文兩部分。遺憾的是,相關的附圖已經佚失。據《全圖會意》,此圖涵及天地,具體呈現了『天下諸國形勢、物產、風俗,各處城邑之經緯,赤道上下晝夜之短長,五帶之冷熱若干』,又涉及日月星辰、風雲雷雨諸情,『圖之四旁,另列天地物像,諸學儀器』,可謂是一天文、地理圖志,故作者自稱爲『天地全圖』。除《全圖會意》外,是書的文字部分分爲五十一目,從其内容而言,可歸納爲以下五個部分:第一,關於宇宙本源、本體的論説(天地真主、衆彙總説、開闢初年、乾坤二儀、天地動静、元火、元氣、元水、元土等目);第二,關於宇宙星體及其秩序的論説(地心、地面、日月交食、七政新圖、慧孛等目);第三,關於地球物質性的論説(風聲、海潮、地震、雨泉、金寶、草木、禽獸、人類等目);第四,關於四大洲以及相關地理劃分的論説(分地古法、東亞細亞、西亞細亞、歐羅巴、利未亞、繞地新程、北亞墨利加、南亞墨利加、海產、海船、測海程法、看北極法、赤道、黄道、經緯度算、晝夜長短、五色、五帶、四季等目);第五,關於儀器、時間刻度的論説(渾天、星球、日晷、時刻均分表、時刻長短表、驗氣器、挈水器、倍力器、太陽歲、太陰歲等目)。

上述内容較爲完備陳述了基於天主教神學立場的宇宙論，宣揚了地圓説、地心論，引介了西方對一些自然現象的科學認知理論，諸如日月食、太陽黑子、地震以及西人地理大發現等地理新知，並對其中的一些器物作了簡要介紹。是書内容繁多，但具有顯著的體系性，其内容多源於此前傳教士的相關著述，諸如利瑪竇《天主實義》、艾儒略《職方外紀》、熊三拔《表度説》《泰西水法》、鄧玉函《遠西奇器圖説》、陽瑪諾《天問略》、傅汎際《寰有詮》、高一志《空際格致》《斐録答彙》、龍華民《地震解》、湯若望《遠鏡説》、南懷仁《坤輿圖説》《驗氣圖説》、蔣友仁《地球圖説》等書。是書在内容上並無獨創，亦無新説，但它卻能反映西學在十八世紀中葉在華傳播以及本土奉教人士認知、接納情況，從這個角度而言，這部書稿仍具有顯著的史學價值。

本文據法國國家圖書館藏《輿圖彙言》(編號：Chinois 4937，此本亦收録於《法國國家圖書館明清天主教文獻》第五册，一四一—二四六頁)點校整理。

輿圖彙言

全圖會意

天下萬國，非一人所能遍歷，自古以來，多有士抱雅志，周遊四方。或爲采風問俗，以宏教化；或爲搜珍覓寶，以充美觀；或窮此疆彼界，以察地形；或訪聖賢名流，以資師友；或通有無之貿易，以求贏羨；或考萬國山川之形勝，以證經傳史載；或探奇覽秀，以富襟懷，以開神智；或傳天主聖教，以著昭事之義，皆如此類。繞地既久，而得廣覽備學。〔一〕

〔一〕本段基本抄録自艾儒略《職方外紀自序》，稍作修訂。此文亦爲蔣友仁《地球圖説》徵引轉録。

今以史記之圖，公之四方。古人載而後人觀，可坐而增智焉。凡人不出户庭，亦可週知遐遠，無跋涉道里之勞險、舟車資費之經營。留心是圖，可知天下諸國形勢、物產、風俗，各處城邑之經緯，赤道上下晝夜之長短，五帶之冷熱若干。雖天地之大，人所不易遍者，斯圖可副臥遊之願也。然愚者止觀圖之外形方象，智者直透事物之奥理，深思天何以動，地何以靜；日月星辰何以運行，風雲雷雨何以變化；山何以峙，川何以流，四行何以生尅；獸何以蠢，人何以靈。各循其軌，各安其類，無相假借，無相凌奪，此爲覽天地全圖，而得其大義者矣。故圖之四旁，另列天地物像，諸學儀器，以補初學者之不足。然君子不止于既知物之果然，必復遡流而窮其源。獲知創設萬有一大主宰，至能、至善、至一，而喟然昭事之真，是乃萬善之根，格至之本也。

天地真主

造物者，非猶性内之他物也。朱子問：『天下豈有性外之物哉？』〔一〕予曰：天下無一物，不由四所以然〔二〕，格物之士當知之，以免紊亂于學。一謂作者，在物之先，而施之爲物也；一爲者，并先具工之心，以定物之所向、所用也；一質者，物之

〔一〕朱熹對周敦頤的《太極圖説》作了更具哲理性的詮釋，而成《太極圖説解》。『性外之物』一言，便出自此書。朱熹嘗言：『至於所以爲太極者，又初無聲臭之可言，是性之本體然也。天下豈有性外之物哉！』『夫天下無性外之物，而性無不在……蓋合而言之，萬物統體一太極也；分而言之，一物各具一太極也。所謂天下無性外之物，而性無不在者，於此尤可以見其全矣。』朱熹在上述言辭中，較爲集中表達了太極本體論的思想，即太極爲萬物之本『性』，且爲『性之本體』。顯然在此，朱熹的太極本體論與天主本體論作了有意匯通。

〔二〕即下文所言的作者、爲者、質者、模者。此説源自亞里士多德—托馬斯主義的『四因説』，最早由利瑪竇譯介入華。下文中對『四所以然』的解釋，基本上轉抄自《天主實義》。利瑪竇言：『試論物之所以然有四焉。四者維何？有作者，有模者，有質者，有爲者。夫作者，造其物而施之爲物也；模者，狀其物置之於本輪，别之於他類也；質者，物之本來體質，所以受模者也；爲者，定物之所向所用也。……四之中，其模者、質者，此二者在物之内，爲物之本分，或謂陰陽是也；作者、爲者，此二者在物之外，超於物之先者也，不能爲物之本分。』

本來體質，能被萬模之變也； 一模者，狀其物置之于本倫，別之于他物類也。 質、模二所以然，在物內，爲物本性； 作、爲二所以然，在物之外，超物之先，非物之本性明也。 據此理，可于性外迓萬物本還原，而知洪荒之前，實有一大能主，本無始者，而能始物； 本無終者，而能終物，皆隨自意。 至開闢天地，必有意向，不過生萬物以顯其能，生人神以繼其善。 如此未有物，而有作者、爲者是也。 凡疑其實有，則淫于佛老之虛無，而背萬物元統耳。 聖賢欲闡明其大異與萬物之質模，解之以非，而不解之以是，何也？曰元主非天、非地、非人、非神、非鬼、非道、非理、非性、非氣，而天地、人物、神鬼、道理、性氣之大主宰也。 命天以覆，命地以載，人育物生，神樂鬼愁，道行氣運，而性畢具焉。 或問其是，不但非天地，而其高明慱厚，較天地猶甚也； 非神鬼也，而其神靈鬼神不啻也； 非人也，而遐邁聖睿也； 非所謂道德也，而爲道德之源也。 又推而意其體也，無處可以容載之，而無所不充盈也。 不動而爲諸物之宗，無手無口而化生萬森，教諭萬生也。 其能也，無毀無衰，而可以無之爲有者。 其知也，無昧無謬，而已往之萬世以前，未來之萬世以後，無事可逃其知，如對目也。 其善純備無滓，而爲衆善之歸宿，不善者雖微，而不能爲之累也。 其恩惠廣大，無壅無塞，無私無類，無所不及，小虫細介，亦被其澤也。 夫乾坤之內，善性善行，無不從天地元主稟之。雖然比之于本原,一水滴于滄海不如也。故昔儒欲畫宗類全圖〔一〕,大槩不敢于微物混雜萬物之大主,乃置之于誰類乎?造物者非類之屬,超越衆類甚遠。宋儒不知此義,妄將天地之上帝,强之爲鬼神之一,强鬼神輪迴五行,強五行歸一氣。葢所謂太極、陰陽等,而剖所藴之奇妙,不過粗氣之元質,氤氲磅礴,另莫别有物無氣者,爲天地上帝然歟?否歟?惟始降民,造成萬彙,或云陰陽無始,動静不繼;或云氣中參理,而物理生氣;或云偶然遇合,不須造作;或云自然生成,而本不由超性之主。天下豈有性外之物哉?但其内有一無形之運數,流轉于古今。動静消息,皆其所主。若讖緯方術家,五運循環之謬説,宋儒如此廢絶天地原主,無不援古儒入佛老,無不推佛老附後儒。皆或以實原爲虚無,或以虚無爲實原。壞正者讀其粉餙之書,豈敢於此盡信,而妄爲種種前聖之道學相傳真血脉哉?《易經》立太極之泒,然非獨以太極爲天地之根底,引之于其後,不推之于其前。雖然不擬指太極之先,别有物爲萬物之元統,况不决沒有而淪于無。嗚呼!自古以治國如視掌,先王諄諄敬事之語,後儒何益盡移之虚無寂滅?而民心愈久愈迷,世俗不止于廢正

〔一〕即利瑪竇《天主實義》收録的《物宗類圖》。

以爲無，還立僞以替正。天地之惟一統，今百神謂所自職司之，天地宗帝委政乎？降殃降祥之權，歸于愚民所竪之土木。可以手授官品者，必係朝廷，授神秩者，必由造物主。官不出朝廷，謂之僞職；秩不由主，豈不爲叛臣哉？昔遠西多國，大肆于此亂，邪俗敬魔，祈神祭物忘主。惟一千七百年來，修化祭禮，俱歸一共主，托賴其所自敷聖訓，教士以正理辨喻，以善行默化。今四方槩以祭一天地真主，爲共教大禮矣。

衆彙總説

中華有太極、陰陽、五行之説，而常爲萬靈、百神、五常等神物之精藴，寧可爲此異學萬謬之宗根也。自河出圖以來必不此，大禹陳謨時〔一〕，以金、木、水、火、土與穀

〔一〕 大禹陳謨，即大禹輔佐舜時，向舜陳獻謀劃，載於《尚書》大禹謨、皋陶謨、益稷諸篇。其中《大禹謨》載，大禹嘗言：『德惟善政，政在養民。水火金木土穀，惟修；正德、利用、厚生，惟和。九功惟敘，九敘惟歌。戒之用休，董之用威，勸之用九歌，俾勿壞。』

爲六府,切于民用而已,洪範亦然。但至陳摶之長夢〔一〕,是時陰陽初發動静之機,五行妖怪變合。陳摶畫之于圖,而濂溪〔二〕之中,復有龍馬負圖而出,以顯前聖所不知五行。妄謂《易經》之學者所及,易止太極,而不言無極;止生兩儀,而不言無始;止生四象,而不加倍數,以爲土具金、木、水、火四象之中,何意後儒强曲爲牽合哉?

今以西學欲斥雜亂之説,而尊經也。元行惟有四,火、氣、水、土,皆純者也〔三〕。金、木等雜物,非可入元行之品。元行之元情亦有四,熱、冷、乾、濕,各行得其二,如熱合乾成火,熱合濕成氣,冷合濕成水,乾合冷成土〔四〕,共數爲八,私性爲二,蓋質模

〔一〕　陳摶,唐末宋初之道人。據説,歸隱辟穀,百日不醒,故有『長夢』之説。其學説以老子爲根底,對《易經》作了開拓性的研究,撰有《指玄篇》《易龍圖》《無極圖》等。

〔二〕　即北宋周敦頤,世稱『濂溪先生』,其重要貢獻是撰述了《太極圖説》,成爲後世宋儒太極本體論的基本文獻。

〔三〕　四元行之説,最早由利瑪竇引介,分别爲火、氣、水、土,其内涵,見下文詮釋。這與理學所强調的五行不同。朱熹詮釋道:『有太極,則一動一静而兩儀分;有陰陽,則一變一合而五行具。然五行者,質具於地,而氣行於天者也。以質而語其生之序,則曰水、火、木、金、土……以氣而語其行之序,則曰木、火、土、金、水』。

〔四〕　利瑪竇《天主實義》載:『凡天下之物,莫不以火氣水土四行相結以成。然土性熱乾,則背于水,水性冷濕也;氣性濕熱,則背于土,土性乾冷也。』

兩儀也。一合而成其性，質爲物形，模爲物理。四行未分，俱歸一公質，西稱混沌，《易》稱太極。或問其始，上古聖經曰：洪荒之初，造物主化生三才〔一〕。一有形無靈，則元質也；一有靈而無形，則鬼神也；一并連形神，則吾人也。元質既死物者，自不能動雜，而織萬象經緯錯綜。然全能主助宰之，乘動靜其間，命四行順布，天動無斷，地心恒靜，重物相次，上下各趋所向，各安其位。若萬彙變合，禽獸動覺，樹木生長，花草馥郁，磁石懸鐵，琥珀拾芥，葵花朝日，蛇水解毒，水銀歸黄金，皆類必有奇效。非四行之動靜所及，惟造物主賦畀以當然之。天地、宫室已備如此，然後于天又造無數鬼神，本無元屬元行，非可爲陰陽，不須傳類，乃純神也。但能識物理，進退善惡，順主逆主隨便，由此吉凶判，升降定矣；又于地生人之祖，男女惟一，各包身靈。一結則人之生，一離則人之死。靈似鬼神，死後不滅，身容四行，死後變朽。三才苞符，已剖如此。凡所賴之次情，如五色五常等，可歸于本品，而免混亂于性理也。

〔一〕三才指天、地、人，《易·説卦》載『是以立天之道，曰陰與陽；立地之道，曰柔與剛；立人之道，曰善與惡。兼三才而兩之，故《易》六畫而成卦。』

開闢初年

學者熟問于古書,究天地之始,不可以不致辯。蓋凡國史,惟載本統之事,其餘大槩鑿空而訛傳。如中國删書斷自唐虞,明前此悉茫昧難據矣,况後儒元會運世之説〔一〕,亦如更生五行,多牽强附會,皆前聖所未言。或問遠國之傳,西亞細亞有甚舊邦〔二〕,可爲吾衆元土。其史書載上古史蹟極詳,自初生人類,至今未滿七千年。世代相傳,及分散時候,悉記無訛,愈查愈合明理者,而畧不及他舊邦之史。自西往東,各國聖賢,據此而信。

〔一〕 邵雍倡此説,認爲一元十二會,一會三十運,一運十二世,一世三十年,故一元爲十二萬九千六百年,是爲『皇極經世』一元之數』。

〔二〕 即明清之際入華傳教士所言耶穌出生地如德亞國,中國奉教儒士多視爲中國古書所載之大秦。

乾坤二儀

上天旋動，不可疑焉，各曜有本行，無各重圜包之異。七政乃在其中，如鳥翔空際，魚潛水中。但諸曜旋行之確規，千古常然。填星約三十年一周天，歲星十有二年，火星不及二年，太陽太白水星，論其平行，各一年庶幾等矣。而前後上下行又各不同，太陰二十七日有奇一周天。由此言之，七政各行遲速，亦大異致矣。又其行或順或逆，或最高，或最卑，即各距地遠近，復時時異。至若列宿之行，較比七政更遲難比，積之二萬五千餘年，庶可一周天焉。此爲本然之動，而自西往東是也。另各有勉然之動甚疾，自東而西，每日一周有餘，試觀太陽從宗動天西行四刻，約應地四百五十二萬里。列宿天，近赤道之恒星，則行五千二百六十萬里矣。物行之速，莫如銃彈。銃彈之行，經刻之一分得九里，如欲繞地一周，非七日不可足。太陽四刻之行，乃銃彈三百四十八日之行也，而列宿天則又較疾于太陽四十倍有奇，此爲宗動天之強。惟地爲民之所居，不宜動摇，故于天之中心永静，但不可以地爲太陽太陰之中心，畧有偏外，天文詳解其故。

天動地靜

天文名儒疑宗動天之説,而信地球並列天曜,自西而東,有四遊升降之本動,每日一周有奇。小球乃易動,而省大天諸象,每日速速反周之難。或憶地球,與日輪相占厥所,則地恒躔于黃道,日輪恒靜于天下中心,此論豈非天地之理顛倒乎?一剖自明其非,蓋凡自能動者但有三,或圓轉而已,或直升降而已,或曲斜動而任意。仰天其動皆圓,無一毫直動者,不然則天漸漸落下,豈得永運乎?又查地球,惟有直動,無一毫圓動者,試射一箭直冲天頂而下,必復落于故處。地内重物,各類亦然,任其動,惟以直線爲路明甚。况全地之性重甚,故于六合内,必求得甚低甚深之位,既得之,則必寧靜而不復動也。倘復動,是又逆本性而上升矣,夫重者豈可升乎?今所曰太陽下居恒靜,地上旋更屬渺茫。萬民居地,每日圓繞萬萬里,乃何不覺地運如覺地震耶?蓋地球運于黃道,既不居中,則測量皆爽矣。天地不能相應,南北二極,上下不能相對,羅經無定向正南矣,皆謬由地運之説。故天文家甚斥其非,仍據聖經所言,地永靜,天動無斷,人動靜隨便耳。

元火

元火，四行之首。任其所向，即占高位，不耐困欝，横飛落下，可見雷火雲中之猛力。因不得騰，乃更急撞擊雲旁，爭敵終劈裂之。而降時，凡所遭硬體對敵，無不毁敗也。火沖時，漸散清氣之中，雖不見而不滅。是火非如下土焚爇之火，因無薪炭供焚之料以傳其光，無體可見。倘遇易爇之物，則光必立發，如流星。可推火有二種，一明火，本發光如太陽；一隱火，絶無光，如人内血火。地類硝硫等物，多藏隱火，漸燃而于冒火山明起。另有備爨火之方，以玻璃水晶等窪器，向日映取；或以硬體相擊發；或以宿火引傳，如硬體中有細眼藴火，因外堅圍難出，輒逢擊破外圍，火即射出。何以日光亦生火？雖太陽高遠，力足生熱廣博，遇諸窪體，不能透過，乃退而以重暈之力，聚熱隣氣，葢窪者能收氣不散故也。又有周邊簿，中心厚之玻璃，日光透過，亦足燃所射之物，葢日暈收束于厚心，故力大而光毒也。至于傳火之法，更不難也。世曰木能生火謬矣，但下火受土水氣之冷濕攻浸，非恒得薪料之供，萬難永存不息。草木等物，止養火，非生火，明矣。

元氣

元氣非後儒所謂陰陽之氣，是乃雲氣大變僞學者，而非三代之中聖賢所傳。但宋時于廬山之麓，初出冲騰入學，而蔽塞天地明理〔一〕。今陰陽之徒，淪于五行之霧，何以不紊亂萬物之品乎？依理考義，不難徹斯雲而置物于本類。氣止一氣，較與他元行，各得異質，不相統體者。其域甚大，而潛隐不見，包圍全地而不碍，自下至天，皆氣充塞空際，使上下相連相保濟。清氣在上，濁垂近地。濁者，人與禽獸切須也。蓋氣以呼吸調心熱，運血于脉絡。不然，命不保矣。氣與五色五聲等情，皆能受而存之。星辰之交，各射其光于人目，山水花木，一氣之中，萬象森然，無少掩者。一時鳥聲、水風響、人作樂聲，異韻雜奏，亦弗爲沮。又且歷歷分明，不相淆混。其所

〔一〕朱熹曾重建廬山之麓的白鹿書院，並任洞主，成爲理學之淵藪。朱熹等宋儒力倡陰陽之説，認爲陰陽普遍存在，『陰陽無處無之，横看竪看皆可見』，『天地之間無往而作陰陽，一動一静，一語一默，皆是陰陽之理』。在朱熹的『太極本體論』系統中，陰陽亦是其中重要的組成部分。

賴非氣乎？氣自必有効，止在寒熱燥溼。凡草木之生植，人身安康疾病，爲氣所感焉。若論人之得失功罪，進止窮達，則係其心志德慝，寧或以所呼吸之外氣先定也哉。況仁義禮智信，皆爲靈神所發隨便，若皆爲金木水火土之間秀氣所確，不得不然。聖賢功績俱滅，其大謬爲何如哉！

元水

古者或疑海水爲大地之汗，葢以地多含濕氣，被日蒸之而生津液，正與人身之汗無異。而其汗歸注一處，所爲海洋，以故海鹵苦，此説無理。宋儒所立金生水之言，尤屬謬妄。夫金之性至乾，水之性至濕，何術以至乾生至濕者乎？又何處許多金，出水以遍天下諸江四海之深淵？必有他源，聖經曰：天地造成之初，先四行備而水淹全地。造物主移土爲山爲壑，命水聚歸四方深淵中。露乾土之外，遂成爲海，是則成海之原也。然收水于深淵時，遺多分于地內，正如人體內多脉絡筋骨，運氣血之潤澤。既大海不遍大地之間，即又作爲流泉溝洫，江河川瀆，令平地高山遍有之；又不能遍大地之内，即又作爲地脉旁通瀿演，掘地穿井，無不得之。井養之利，足資人用，人力有限，或枯竭之地，水所不至。高原上地，水脉甚深，物生其間，無由滋潤，遂其生育，即又作爲雨露雪霜，用霑溉生養之。大哉！主宰之公恩，由之天下無一國不藉水以禦其渴。俗祭山川，尊拜各水，如實有鬼神體之宰之者。嗚呼！設以祭宜報恩，何不祭萬神之主，不歸諸川之大源乎？

元土

土爲元行濁渣，本無大能力。論純土之性，爲至乾次冷，大塊盡然。即其産物之効，不宜有異。今至其所生，必不止于一類。地外木材藥草，百菓五穀等，悉日用急需；地内五金異寶，多成利于貿易。皆同源不同性，何也？葢地内多藏他元行之雜，以補純土所不足，而繼造化萬物之業。地自欲適其性乾，然物之甚乾而無濕者，難凝注爲寶石、草木之體，而易散毁，如沙塵之類可見。然江河山窟，既多引隱渠，使遍濕發，即備潤澤，而免乾涸也。又太陽照地，生多熱氣于其面，草木無熱氣，難下生根上萌芽而長成。乃土當于外收太陽之暈，以漸漸攝其濕氣于草木之孔而長之。又三曜光力雖大者，未能通于地脉之深遠，以精金。然地内多有隱火硫黄，膏油鹹鹵，皆以燥熱銷錬淨土，而全變化金銀之功。或問：『地内四元行死者，草木乃生活者，宜貴于地矣，何反由地生乎？』曰：『地非自能生之也，但造物者有生草木之命一。因各方土情以别種類，并賦傳種之德，自此而地之德流通不窮矣。俗以天爲父，以地爲母，嗚呼！乃實自足養育萬生哉！』

地心[一]

地居天中，天包地外，四圍千萬，均線所交合之處，則地心也。然地何能安于空之中心？地之四面，人又何能足相對而立乎？此理由輕重之本向，凡物之重者，必趨向地心。人亦重物也，豈有重物而自欲離地反升向天也乎？地球重物，既欲就地心，則四面爭相會合，遂凝結于地心周圍，不能離之。故地球天内虚懸，不須撑柱。又雖居虚中，不能紛擾動摇。蓋其南北二極，恒向乎天之二極。正如吸鐵石，以一線掛于空中，而任其性，即自具轉動之能，以復歸于原所向天上南北二極焉。全地

〔一〕在此所言之重力、引力之説，亦可見諸熊三拔《表度説》第四題地本圜體。

之球亦然，其不離天極之所以然。難窮其爲用，自明在萬物各得其宜耳。蓋天地之極不相對，則黄赤二道，及所爲五帯諸界，上下亦不相應，則四序顛倒，生長變化之功，因之大亂，而萬學無一定之理矣。今天地度數，雖有大小、廣狹之殊，皆相應者。而天地之則法無二，以小地可量大天，以大天亦可量小地也。

地面〔一〕

地、水同爲一圓球，何據也？一月食時，可見其面上地射圓影，蓋月蝕爲地所掩而蝕，圓影必圓體所生也；二居東者，先視日月、星辰之出，而居西者後，以故彼此有晝夜遲速之異。日月之見食，東西有先後之次。倘地方者，則日月諸星，東西當同時而見也。又試向北行，其愈近北，北極之星愈高，南極之星愈低，豈不明天圓而地無方者耶？三航海者，船二相離一百里，但見桅旗，不能一時盡相見。蓋水之圓

〔一〕 在此力倡「地圓説」，類似的論證亦可見《表度説》第四題地本圜體、傅汎際《寰有詮》卷之六・論四行皆圜、高一志《空際格致》地體之圓。

體突起于中，無他遮掩，不如于地山岳。水面于下隨所居之器，于上欲附麗圓地，必不得方平。試海得平面，則有高低，蓋平面與地心有近遠、高低之別，其高者便不歸近，即如高浪不流下，豈得違本性乎？或問：『池水不動爲平，不見曲者。』曰：『周線愈廣，其中各分之曲愈匿，而不易見也。試取相等兩盂，注水令滿，一置天上，一置地中，必下盂水甚凸于上盂水，蓋水曲愈近地，心愈遠平形也。』

日月交食[一]

日月之蝕何如？曰論月食，當知月自無光，借太陽之光以爲光也。望日，日月對道對度，地遮在中，月不能受日之照，故月隨其與日相對，或正或偏，則或全食，或只食幾分矣。若論日食，則與月不侔。月食則月真失光，日食日未嘗失光，但被月遮掩而已。蓋日麗天，比月更高，合朔之日，上下相對，月遮太陽之光，如雲掩日，俾吾人不能見日，謂之日食也。是以月食，則普天之下，分數相同，日食則不然。從此方看，

〔一〕有關日月蝕的信息，源自於陽瑪諾的《天問略》日蝕、月食條。

或有日食；從他方看，有不食。或問：『日食由于月掩其光，每朔日相同度。又正過其下，宜皆得食。今不盡然，何也？』曰：『日躔，黄道之中，無出其外也。月于黄道，有時在南在北，故月道半出黄道北，半出黄道南，而爲南北二交，中國所謂羅計是也。朔時，若月在二交之外，或南或北，與日非同經度，不能掩日光也。南北爲經，東西爲緯。凡是朔日，經度必同，如更同緯度，適在二交之上，乃能揜其光而食耳。』

七政新圖

自造遠鏡〔一〕以來，天之各曜，殊異更著，不獨其動然也。如日輪上見血點，時密時疎，時進去而復來。以人意測之，必非日體有此點染，或係他星經行其下耳。又太陰之形不圓，其面顛泡，其不滿之内邊高低不等，有本圖畫之。金水二星，時盈時

〔一〕湯若望於明天啓六年譯介《遠鏡説》一書，闡釋了望遠鏡的製作過程及其光學原理。在此所言之天象，亦見諸《寰有詮》卷之三・論天體所以不壞：『近年製有望遠妙器用以測天，窺見日中斑點，其狀時小時大。又見木星之旁更有四星，或東或西，或上或下。此四星之相距與各所距木星，其度不一。』

缺，亦有上下弦。距日近即圓，遠即缺，如月然。因以徵其恒上下者，悉繞日爲程也。若正過日輪之下，而有與日同度。曆家恒見日輪中有黑點，然不顯其食。蓋金水二星之體，比日體小一百倍，豈能全掩其光，而使人不見日乎？月輪正過二星之下，亦宜掩其星光。火星之輪，時大時小，皆係太陽近遠若干，所以加減大小。木星周邊，見四小星，或先行，或隨行，或皆現，或各現，甚不一也。天文新法，東西各處觀徹其相交食之時，而推以定天下萬方緯度若干。土星周邊，亦見五小星，各行遲速。而定時相食者，古籍載有七政共食之説，稽之曆法，未大見其所據也。

彗孛〔一〕

空際火象甚繁，皆從乾氣而遇火撚，結成其象〔二〕，上域約見彗孛，先儒亦云地所

〔一〕此條部分内容見諸《空際格致》卷下·彗孛條。

〔二〕《空際格致》卷下·火屬物象：『其象甚繁，而大且顯者，約十有四：爲火熛、爲火鋒、爲狂火、爲躍羊火、爲垂綫火、爲拈頂火、爲雙火、爲單火、爲流星、爲隕星、爲飛龍、爲雷、爲電、爲彗孛，此皆從乾氣而遇火燃，結成其象。』

發之厚氣而結成焉。蓋地氣厚如濃烟，以甚乾而熱，故能冲空而燃。以甚濃而黏，故能不滅而久懸矣。今儒以彗星爲繫天之星，與七政並列，証有三端：

一蓋今所現彗孛，與先彗孛絕似無異，其隱顯之處，其行動之蚤遲，其交赤道之度皆亦然，可推先後兩彗孛止一，自有定運，永不改，但恒不顯；二試驗彗星之高處，乃下火諸象非所起冲。如火熛流星、飛龍雷電，俱止粗氣域内，不越峻山之頂。而彗孛多有高去日月甚遠。東西二方，一時觀之，會天于一直線，視其所，乃獨正對一恒星。若在月輪之下，必正對如二恒星，如月輪等低象。由此得知，其高低相隔恒星不遠，何以地所發濃氣，至此域乎？三凡下火異象，細微止一點，如流火、狂火等。彗孛甚厚，較地爲一大半。又火象因風所觸激，且非法亂遊而易散如雷。然彗孛有本運，而其強動，惟係宗動天之力，並列星辰，每日繞地一周，十有餘旬不得散。而可知其體，堅如七政，透明如玻璃球。日光入内，而外射出，目旁視之，則爲長。而彗有首尾，日對視之，則爲圓。而其周有髮，愚者仰之，大驚爲妖變不祥，亡國之怪，天怒之兆。不知彗星隱顯之定理，乃不過在最高最低之位。豈上主反委天下禍福之權于一隅無靈之象，任其喜怒，擅爲增減者乎？

風聲〔一〕

昔曰空際静爲氣，動爲風。此説恐有所未盡，宜剖其是非。盖無風時，空際之氣猶多端可動。假如銃發鼓響，金鳴琴聲，其周圍之氣大動，乃誰以爲風耶？又人聲出喉之氣也，而激觸外氣。其動六合内流轉，如静湖之中，抛一小石，即圓波湧起，而廣開摇動湖之四邊。凡聲盡然，于周圍流行，偶入耳之竅，而内司聽專聲，若值灣曲處，阻爲不能偏散，遂聚于一角而退回，因致應聲。人每于洞谷邃宇，曲折廻環之處，以聲傳聲，致有多聲之應。雷之轟響無他法，皆必以氣動所成，而不得謂風也。風惟二種，一器所發，一地所生。樂者多造風器，藏容氣于其間，而小隙任發速出，則鼓暢外氣而生聲。但聲之不齊，由于隙道之寬窄、乾濕、曲直等。如簫笛之管窄狹，則音微細；出于廣濶，則聲變爲洪大；出于乾堅爲厲嘶，出于濕軟爲嘔啞，出于直順爲清亮，出于曲逆爲鏗鏘。今至地所發之風，槩由地内熱氣之力。氣一觸外

〔一〕此條部分内容見諸《空際格致》卷之下・風。

來之熱，則稀微開化，猛力舒放，過縫隙急出。或冲升時，過高山厚雲等礙，則横飛而紊亂隣氣。如水急流時，忽值山石阻遏，無由可出，即回而爲旋窩也。或遇三雲之遶圍，如在垓中，不禁久逼，乃自奮力撞雲爆出，而下無法，横肆與雷砉相似。是風在平地，值物多起；在海中，值舟多沉。愚者爲真龍也，農民仰天不雨，取龍之象而祝之，天雨謝之，匹夫荒謬之俗可笑。

海潮〔一〕

海水潮，何如也？至究其所以然，古今之論不一，或曰江河入海者衆，致使潮長。此説非也，江河常相連入海，無有止期，則潮亦宜連長而無退限矣。或曰日輪旋時，招聚多氣而生潮。亦非也，夫潮長退之異勢，與日輪旋轉之勢無関。盖日行之道惟一，何能使潮每日遲起一侯，而時時變易乎？或曰海内恒生多氣，含而不容，必自發而潮，氣息而潮退矣。譬人感疾，以一定之時寒退。此説近是，然未有盡。

〔一〕此條轉録自《空際格致》卷之下·海之潮汐，基本相同的内容亦見諸南懷仁《坤輿圖説》卷上·海之潮汐。

尚有云海潮由月輪，隨宗動天之運也〔一〕。其正驗有多端：一曰，潮長與退之異勢，多隨月顯隱、盈虧之勢。蓋月之帶運一晝夜一周天，其周可分四分，自東方至午，自午至西，自西至子，復自子至東。而潮一晝夜，槩發二次，卯長午消，酉長子消。若隨處隨時，畧有不同，是不足爲論，別有其所以然也；二曰，月與日相會相對，有近遠之勢異，亦使潮之勢或殊。假如望時，月盈即潮大，月漸虧而潮漸少；三曰，潮之發長，每日遲四刻，必由于月每日多用四刻，以成一周而返原所。蓋月之本動，從西而東，一日約行十二度。從宗動天之帶動，自東而西，必欲一日零四刻，方可以補其所逆行之路，而全一周也。據此理，可知月主潮長之功，然何術難解。或以月之冷情收縮隣氣，而吸遠氣上升，不壓海面；或以隱德使其發潮，如發麵之肥，藏于麵而變動蓬起，皆先儒所未定論，今莫要于窮理。

〔一〕應月之説，亦見諸熊三拔《泰西水法》卷之五水法或問：『月既下濟，水亦上行，欲就于月，故月輪所至，水爲之長，而成潮汐也……由此而言，月爲水主，月輪所在，諸水上升，海潮應月，斯著明矣。』

地震〔一〕

地自不能移動，遇地震，必由他動所強。然何物之力，能強地離下而上，左右逆動乎？古論甚繁，或意地含猛氣，自爲震動；或意地體猶舟浮海中，遇風波即動；或云地體亦屬老朽，乃朽壞者，裂分全體而墜于内空之地。當墜落時致響，無不摇動隣地；又有云地内有蛟龍或鰲魚，轉身而致震也。此皆無稽，不足深辯。地震者，乃由地内之所含火而致也。蓋所生熱氣漸多，而射注于其空窟中，是氣時積時重，不容含注，勢必強出，而猝不得路。則或進或退，旋轉狂勃，肆力破圍而裂出，故致地震，且有聲響也。正如火藥藏楼舍，下火一燃，衝突烈奮，必致破裂四圍，且值諸阻礙而發火響也。是故冒火山硫黄之地，既常有内火肆暴，不免震之患也。又凡

〔一〕明季入華耶穌會士龍華民曾作《地震解》，從「震有何故」「震有幾等」「震因何地」「震之聲響」「震幾許大」「震發有時」「震幾許久」「震之預兆」「震之諸徵」等九個方面較爲簡要地論及地震諸情。本文中的諸多説法，顯然受到《地震解》的影響。《空際格致》卷之下・地震條、南懷仁《坤輿圖説》卷上・地震條亦有專門講解，本文此條内容基本上轉録自《空際格致》《坤輿圖説》。

地多有空洞，則亦易震者。氣既充盈，而又有地中所發熱氣增加，難可並容，即迫擁欝勃，奮力求出，終致震盪。海中之島亦多震，盖地内所藏熱氣，一被外海之冷圍逼必退，内火愈極其力，愈欲舒放。惟于海島可得廣所，乃飄動觸震其地也。地震之預兆，或井水無故溷且臭，盖硝硫之熱氣強出時，噴土及土内雜物，以致井水濁臭也；或井水沸滚，海水無風而漲，盖下氣上冲，以致湧沸也；或空中非其時，而清瑩氤氲之霧露，皆伏藏于地内，但欲猛發上衝，激牢四圍，而致地震。古史未載全地之動，槩不遠延于數百里之外也。

雨泉〔一〕

全地非一塊如堅石，果然有匿空隱渠，大海大湖之泉。既有隙即入，不能空懸而不就下，地内如此遍運潤澤之益是也。鑿礦有多遇池瀆，掘井者亦然，無不得水之源。温水泉必當周流硫黄等礦之脉，以占其性之熱。鹽水泉亦須由于大海相通

〔一〕　此條部分内容見諸《空際格致》卷之下·江河。

之脉絡，盖定時受其潮汐之動。又凡江河歸聚大海，而永不溢，皆可推地下有相出入之運動，明矣。然地面崇，海水卑，何能逆性而復浮于地外爲雨溪乎？此與成藥露之法無大異，譬如欲做諸藥露，何也？當取草木、菓蓏、穀菜諸部具有水性者，皆用新鮮物料，依法蒸餾得水，以物料既備，置銅鍋中。不須按實，按實氣不上行也。置銅鍋入灶窩内，兜牟蓋之，文火燒之，磚熱則鍋底熱，熱氣升于兜牟，即化爲水。沒兜牟而下入于溝，出于管，以器承之。兜牟之上，以布蓋之，恒用冷水濕之，氣升遇冷，即化水。候物料既乾，而易之所得之水。是器外雨泉諸水，于高域化成亦然。可見日照于地，水土之精華蒸而發，如燒酒藥露，皆既得煖爲雲，雲稀屬氣，故輕而冲上空際，至氣冷域，收縮化施雨雪雹，則重而墜歸元水。是時，江河、泉井皆復滿矣。地内亦然，葢地中多藏火，水必有濕氣，隨處發無斷。若進石山之穴洞，即收縮爲重而不能升，又被爲山之冷攻之，因漸變渙而滴流，致成泉溪之永源。據此理，古賢有云，江河本來于海，本向歸之。

金寶

元行爲世界所須至切，則遍滿充足，隨處可得。不若珍寶，既非元行而不切世用者，則深藏希有。近赤道荒野，金寶更繁，愚者意以太陽所精，謬也。日光不過在物之皮，而其熱雖透物體，不能至深。金寶埋山中，豈得受日薰之射而精哉？惟地中隱火，爲金石化鍊之業，以雜土爲質。純土自不忍消流，被火愈燒愈堅。然地中遍多硫黄、硝塩。可見冒火山，有時而被火焚，硫黄、膏塩等壞土俱從穴中爆出流轉，所遇石便化之，如熱水化冰。被冷，皆歸堅石耶。地内所成金寶，不過此土精英，蒸發于地之脉絡，而聚礦内。赤道下多有礦，盖地甚熱，恒發湿氣於外，則内氣易升以補空故也。硫氣升時，所遇沙土，透入其内，漸漸相醞釀，相聚而變。若不得堅連，而流即爲水銀；若能固相連經緯，即凝一硬，猶水銀包硫黄之雜，爲銀珠一鉤。若以硫氣得攻而化，則爲五金；若以硝塩等强氣得攻而化，則屬石水晶珍寶。金易銷難裂，寶易裂難消，是畧容五金之雜，各得異色，如玻璃僞珍，蒙之以砂，錮之以璞，然後精藴潛蓄，光彩溢發。論磁石并鋼鐵占極之効，奇哉！他物所無也，惟與全地相應。或問：『金石以土凑合者，因得硫黄、硝塩之氣而消，則與純土更重，何也？』曰：『土消約爲小體，而内能容。金一鉤較于銀一鉤更重，蓋金内懷土多，銀内懷土少，雖同爲一鉤，然銀質之幾何，必大于金質之幾何也。由此以金銀雜製一器，可立其多寡之辨。』〔一〕

草木

草木非可與元行比數，蓋多容火氣水土之雜，醞釀凝聚其間，從此凑合本形之体。可見新木焚時，悉滐出氣之烟，土之灰，水之湿，火之炎。又木萌芽時，查剖其内之苞苻，非死塊然。如金石尚包活然之機，以成内變化之功，必特賦于元行之無與。猶人全生、覺、靈三魂，動物得生、覺二分，植物亦分生魂之一。草木無行走，其體不須分界，純用直絲。絲内孔多，蓋呼吸土氣之口也。將受日煖，微竅放舒，土氣精華蒸餾補空。自根升頂，又拆爲三分，其最湿分不堪資養，用發爲葉；輕虚者，生

〔一〕類似的問答，見諸高一志《斐録答彙》下卷·物理類。

花出香；惟重厚一分，乃能培幹結實。外皮圍身，以避寒暑；百枝廣開，而秋實連懸無碍；葉叢生以餙身，蔽風雨日毒；實堅以藏子，子精以鍾苞本類之德，德一種一接可傳；肌肉豐厚，以克充日用之需。嗚呼！物不啻萬也，萬不勝異也，無一不利人也。元行宣布，裨益弘多，以保民。但有米足以養民，必于五穀、百菓分其粗，存其細。熱與冷，乾與濕相調和，乃諸植生之妙法。由此飲食便繁，味樂大備，則造物主之恩厚極矣，鳥虫搶樹菓即記之根，人宜忘乎？

禽獸

禽獸之體態奇俊，與人不同。其魂則大異，不過生活、動覺而已，無足識理。然造物主公祐，既一切謀食營巢、保身傳類之事，補其缺，賦一點子明處，非猶人待教習學。乃以自本性向，悉有巧法百端，借取其益，不審其理，如犬欲吐痰，先食青草；燕病服藥，鹿被箭，旋覓藥草，以自出其箭；中毒，則食蠏以解之；兔将息，連躍遠，以斷獵犬嗅跡之路；群雁同宿，必輪一醒守以避害，懼其倦而睡也，立縮一股，挾石于爪，石隕雖睡亦醒矣。

禽獸有弱有猛，弱者芻食，各類自計取食，能辨其性所需。可俯察小蟲，如蛛網成居其中心，窺伺有蟲投入，速往擒之。蜂備蠟筒，内聚花露以儲冬糧。噫，異矣！蟻則又異焉，其備糧御冬也，得穀種，必計絕其種之芽，防其生發而不可食也，以故遇濕，亦必出暴之。猛獸大槩惟食肉，以是上下齒，長短參差，堅強而散列，厥爪曲而銳，于捕食咸利焉。弱者足以避其害，造物主慮之，即賦以避害之具，如羽毛鱗甲、牙角蹄皮及諸毒涎，皆足禦敵以衛其身。如此雖一類之私，大槩有損，總類常存，襄多私以益一公製，乃大公矣。

人類

造物主初降民，生男生女各一，爲我類元祖。天下萬民，皆從二人生出。獨靈魂不繼于父母，乃從無化者，而賦于身，締爲全性。今至人活覺知之法，曰身内三肢爲君，胃、心、腦。食先歷胃釜，易化爲乳，層層升心内，而全變爲紅血。復出周行遍體，以存原熱之需。從心出血，分開上下二脉。粗血既重就下，或至肝以瀝惡痰，或至腰以濾濁水，或至腎以脩陰陽之精也。細血既輕，則升腦中，入百筋之孔，以分血之精英，爲動覺之秀氣，乃令五官四體，動覺各得其分矣。非與禽獸不齊，惟靈並列純神者，不屬血氣，則更加明悟、記含、愛欲三能。以明悟通達六合内外，無學不備；以記含固存物像，無理不容；愛欲之事，善惡隨意，他不能强也，俱爲一人。

分地古法

伏羲七百餘年前，復遭洪水之厄，古民皆滅，惟一家居大舶不淹沒。其子孫生齒日繁，聚一處久不得和，即相離。而英雄者各分其民移遠，立天下舊邦。一泒定居原地，漸漸廣開，自西至東海，即爲亞細亞，第一大洲；一泒往地中海北，即歐羅巴，第二大洲；一泒至地中海南，即爲利未亞，第三大洲。至亞墨利加諸國，其初人不過西方之苗裔，即第四大洲也。皆伏羲二百年前，分普地而立國。凡有天縱之能者，作君師御世，立五倫之法度、禮樂、文字、宫室、器具之昉，如中國先王四方舊邦，于伏羲同時并立，可知人類分邦之始也。

東亞細亞

東亞細亞首推中國，自古爲君子域，今所繼賢哲禮學、文字、善政等，遠近俱知，尚不須鼓。衆靼爾靼本強勇，以病沒爲辱，概無城郭，猶兵集營。日本國，政以舉武棄賢也。外不入，内不出，以交易，工精製銀漆器馳名。國忠，王死往葬，逢人輒殺，謬謂死者可事其主。北海之孝，父母已老，子殺而食，瘞于己腹爲恤親。天竺，夫死婦存，一同焚死爲節。暹羅，民蠢，敬白象如活佛，與隣國常爭白象，乃所在爲盟主。

西亞細亞

西亞細亞，自安日江至地中海，分四名邦。一爲如德亞，人類肇生，聖賢首出，而造物主降生之聖地，即其祭禮、法度、典籍，自開闢至今，歷歷相傳，未失源流，故爲西學之所宗；二亞喇北亞，古稱福土，產百物俱豐，其人精曆法、名醫者；三伯爾西亞國，數千年繼總朝而盛甚，今已廢，被回回之擾亂。俗尚強戰，不習文學，惟以刃爲政；四莫卧爾國，珍貨百種駢集，商以信交易，士以魔魅惑愚，百工大技巧，各世其業。

歐羅巴〔一〕

歐羅巴洲内分十餘大國，不相統屬，餘諸小國，亦各有本王。凡官有三品，一主教化，一理俗事，一治兵戎。上下皆遵古聖正法，婚不二色，教無異學，惟祭天主，以聖教修齊治平，文明武畧，工精農敏，諸國富饒。海槎與萬國相通，沿海岸頭數百，天下商客蝟集。戰城最多，以守國内外。人稠城屋布滿，器具精良。野獸不多，北方產熊狼二種，諳厄里亞產大犬，猛可殺獅虎，夜可代兵守城。

利未亞〔二〕

利未亞洲，自古爲奇怪之地，產獅象等猛獸。厄日多人，爲有機智，精天文測量，巧製水器，以備救旱澇。其國四時不雨，惟泥球河每年泛漲，而地甚肥澤，一歲兩收。

〔一〕此條所述内容，與蔣友仁《地球圖説》歐羅巴州條基本相同。

〔二〕此條所述内容，與蔣友仁《地球圖説》利未亞州條基本相同。

禽鳥無算,至彼以避寒就食。沿海國富商大賈聚此地。深入內,多曠野無城。多黑人無衣,與猛獸同居相殺。皆無書籍,見士念書而通理者,大相驚訝。土產金寶,黑人賤之,惟以妖符爲寶,常佩带于身如不死藥,數年盡力爲之防守,惜哉!

繞地新程

至明季洪治[一]五年,西國大臣名閣龍者[二],具舟率衆,泛極西洋。飄泊數月,忽遠望多有島,近此,方知昔刪所紀,海外尚有大地。後有人名亞墨利哥者[三],尋得赤道之南;一人名哥爾得斯者,尋得赤道之北,共國爲亞墨利加。是時,土野而荒,少城,人業惟以殺人,射禽獸,釣大魚,尋野菓而食之。又一臣名墨瓦蘭[四],不忍南北

[一] 即弘治,避諱乾隆之名。弘治五年(一四九二年)哥倫布第一次航行,抵達今天的加勒比海諸島。
[二] 即哥倫布,閣龍取自其西班牙文 Colón 之音譯。
[三] 即 Amerigo,美洲之名源自此人。
[四] 即麥哲倫。

二亞墨利加相連者，而欲自西達東，復航海至南極不遠，遇一海峽，過之而入他海，從古船所不到。自西復東，繞地一周。自此以來，大西百船泛游南北諸海，其師謹畫萬國海邊全圖，畧備如此，大哉圖史之功乎！

北亞墨利加〔一〕

西客初至此地，惟默是可人共歸一統。城中街衢、宫室皆精絕，人面目美秀。國王寶藏極多，羽毛爲衣，金銀飾之，輯鳥毛爲畫，光彩生動。古俗祭人祭鬼，驅人殉葬，今盡皈天主聖教。住北花地富饒〔二〕，人野，男女裸體，僅以木葉蔽前後。嘉納大地產猛獸，人勇力敢搏獸，取皮爲衣。隣衣落鬼，以殺人爲事，殺之聚黨共食。極北方恒積雪，人騎木而行防陷，俱穴居，業捕大魚，家家敬一邪魔。

〔一〕此條及下文南亞墨利加條中的内容，亦多見於《地球圖説》亞墨利加州條。

〔二〕原文作繞，饒之誤。

南亞墨利加

南亞墨利加出金銀，天下第一。蓋其地之礦廣大，而且腴，取時金土互溷，別之金多于土。西船自通道以來，歲歲交易，所獲金銀不下數百萬。沿海城郭稠密，以便内外之市。孛露國都達萬餘里，然被地震既多，不敢爲大宫室。其人良善，不傲不餙詐，取鳥羽以麗冠，掩臍下，其文餙以珍寶嵌面，以五色狀物形而當書籍。其外諸國，多蠻人，散居聚落，啖人肉，俱裸體，獨婦以髮蔽前後。素無君長，婚無一妻，風肆既久，難覺其亂。

海產〔一〕

海產以明珠爲貴，凡珠所出必不同。龍珠在頷，鮫珠在皮，蛇珠在口，鱉珠在

〔一〕部分内容見諸《職方外紀》「海產」條、《坤輿圖説》「海產」條。

足，魚珠在腹。而此類者，約不過寶石，偶凝精鱗介之内，非所爲明珠也，乃獨於蚌能藏與焉。外有殼，内有珠，二者以魚汗同殖者，吐出其精，即成蚌殼，存藴其細，即精明珠，各層層凝而大矣。人取海蚌，置日中晒之，俟其口自開，然後取珠，則珠鮮白光瑩，光照數武。另海產珊瑚、龍涎香、猫睛等，具有其鮮，可覧于圖。

海船〔一〕

海船二種：一戰船，不遠泛，止巡游近界，寧海安國；一客船，走遍四海，通貨利國。船之深廣不齊，大槩戰船兵士共二千，大砲百餘。國王命一貴官，權操一舟賞罰生死。其外總三等，一主食用各種器具，一測海道運舟，一演武備敵。如百舟並行，最大一船，將士乘之，夜用各樣號記，以便傳令。工人造舟，以平準輕重得宜，雖有狂波猛浪，無覆舟之患，所患淺、礁、火三事耳。

〔一〕部分内容見諸《職方外紀》「海舶」條、《坤輿圖説》「海舶」條。

測海程法

西有舟師指南車，定向、占風、計程。若泛大海，當以天象治路。盖長途不見山地，晝以量器考太陽之度，夜測北極出地多寡。况須熟問于海圖，險、淺、礁、風、各岸形勢，程法無他，以羅經偏正。用沙漏以驗風力，行之遲速、灣直，細算而推所到，雖歷數萬里，少有差池也。

看北極法

北辰離北極約二度，望之最高最低，看在地平上幾十度，即知此地北極出地若干。度筭爲此地離赤道若干，測器圓板分度也。中心釘一量天尺，可旋轉者，其兩耳中各鑽一小眼，務要兩眼直對，可以透矌。夜對北辰，在極之上，當減二度；在極之下，當增二度，則北極也。

赤道

太陽躔度際此，天下晝夜均平。在地國當赤道之下者，通年晝夜皆平也。用之或以度天行一日一周之運，或以定晝夜刻分，或以齊諸曜出入不齊之度，或以限春秋分之晷景，或以起南北之經筭，或以絕東西之緯度。

黄道

黄道七政所經行，與赤道如兩環相疊然，兩開二十三度有半，其經度每十五度交一節氣，用之或以節七曜、列宿逆天右轉之度，或以審日月交食，或以分星宿之南北，而紀其經緯度。黄、赤二道之極，相離二十三度有半。

經緯度算

坤輿圖上,有經緯多線,當知何意。天下各國繁夥難悉,大約各洲俱有百餘國。以定其處,原宜作圓球,以其入圖不便,不得不易圖爲平,及圈爲線耳。欲知其形,必須相合,運東西二海爲一片可也。其經緯線,本宜每度畫之,今且惟每十度爲一方,以免雜亂,依是可分置各國于其所;東西緯線數,天下之長也。自赤道線爲中而起,上數至北極,下數至南極。南北經線數,天下之寬也。所爲經度者不難定,總之以測量爲主,或依北斗等恒星之高度,或依太陽之緯度,或依表影之長短,惟一人隨處可推知矣。然所爲緯度〔一〕者不易,蓋自東而西,諸天、日月、列宿時刻旋動無斷,非有定位如赤道、南北二極,故無他法。該二人居東西二方,而望觀月食,或驗木土二星之外所遊小星。于相食之時,或仰他異像空懸,而顯于普地。既自東而西,有先後之異時,相比其多寡,可以推東西二地相隔幾緯度。今多有西士遠遊者,

〔一〕原文作經度,緯度之誤,徑改。

每至一方而觀天曜各相食幾時，而記于册以俻學。據其書，余雖不敏，得効纖力，而晝置各方于圖中本位焉。以後由之，可察两地相遠之度，且考其晝夜時刻，彼此相隔幾何。盖两地東西三十度，則其子午遲早，必差一時。凡知時，則知度；凡知度，亦知時，又每大度爲地二百五十里矣。若東西横度，則惟赤道下一大度，爲合此算，其餘漸南漸北，遠而漸狹，則横度有不及二百五十里者焉。

晝夜長短〔一〕

《視學》〔二〕曰：『太陽未出地而現，雖入地而未掩，故晝長與夜短，畧勝不均。』此說必實，而由太陽晨暮射光之法，盖不能以直線至目中，遇地平濁氣，如眼鏡碍曲其路，而目驗日于其視所，無對實所。考其象倍覺寬大，故出先入後，可以望其上邊超

〔一〕此條内容多源於陽瑪諾《天問略》晝夜時刻隨北極出地各有長短條。

〔二〕湯若望《曆法西傳》言視學爲西洋五科之理科度數之學中的一種，並表示撰述《視學》作爲『學曆要書』之一。另年希堯嘗作《視學》，雍正十三年（一七三五年）刊刻。《續修四庫全書》一〇六七册。

地平。此外，晝夜每年均分，蓋赤道下南北二極，正當地平，不出不入地者，則終古晝夜均平，並無長短之分。稍離赤道，或南或北，則冬晝漸短，而夏晝漸長，愈往則愈差等。然雖每日晝夜不等，總筭每年之晝夜，必相等無異，皆以長增其短，以短減其長，而均平也。至于當北極之下，則以赤道爲地平。秋分以後，至于春分，日行赤道南陸，則是半載日行恒在地平之下而不見，故住北極下之民，六閱月不得見日色，而爲半載之夜矣。自是半載春分以後，是日行赤道北陸，則日恒行在地平之上而無隱，故是半載住北極下者，無時不見日色，而爲半年之晝焉。按渾天儀、與平儀等器，自亦可明見之。蓋地平與赤道，或爲直角，或爲鋭角，或正相平無角。若直角，則地平之交于節氣之線，皆當正中，故其晝夜恒平也。若鋭角，則地平之交節線，非其正中也，故所分上下亦非平分。夏至，則其線大分在上，而晝長夜短；冬至，則其線小分在上，而晝短夜長。若赤道與地面無角者，則節氣諸線居北，全在地平上，而節氣諸線居南，全在地平下，而半年爲晝，半夜爲夜也。

五色〔一〕

五色，即宇宙之美餙也。其作者，太陽與射光之物也；其質者，惟清光依賴他物之體也；其模者，或由輝光進退之不齊，或由空際等物所透之異勢，或由目視之強弱。凡物恒發本象之色，必先要接日照，而返其光，空中至人目。若不接日光，皆黑如夜中；若接而不退，即黑色也。光入而滅，非白色亦然。盖白物萬面恒相射所接日光，而大明散聚其間。白色乃日月等光之本色也，光愈多，白愈強。今以遠鏡覩天河之白色，不過無數之微星，相射本光，而成白道之象。又以顯微鏡，窺雪麵、水銀之經緯，其内亦無數之微星發白故也。黑色本屬影，白色屬光，另有紅、藍、黄三純色，各二相雜而生他色。即以黄藍爲緑色，以藍紅爲紫色，以紅黄爲金黄色，皆由輝光返退之勢。可見虹霓之僞色，而推萬物真色，何也？盖凡圈遠虹霓之心，約四十五度，即製紅色之弧，是度之下，即他色之弧亦層層顯。是度之上，雲無虹色，

〔一〕此條部分内容轉録自《空際格致》卷之下·空際異色、虹霓等條。

但至五十二度,復發次虹之象更弱,又背日噴水時,可見于空中多色之全虹。又鷄向日,其頸亦發多色之變,五彩之石亦然,皆爲幻妄之色,而獨由日光進退之異度,故易顯易散。寶色各種,雖恒存者,未見其他由。但顔色所包元行之相雜,必織其經緯不齊。偶外光至其面而返,或透其體而出,則進退之時,必有多寡、强弱、近遠、陰陽之別,豈不足以染日光,而定各恒色之異哉?

五帶〔一〕

地球自北而南爲五帶,二寒、二温、一熱,赤道中線,均分其南北。論熱帶在冬夏二至線之間,其地乃爲適當日道之下,四時皆燠。然有可居之法,一晝夜均平。蓋晝所致陽氣之盛,有夜之凉以節之;而夜所致陰氣之盛,有晝之熱以調之,乃氣得其平,非他方所可比。二恒有雨澤,蓋日既行頂上,其照直下,多吸陰氣以成雨而

〔一〕　五帶之説,亦見諸《寰有詮》卷之六·論大地分界。

調熱。三地多凉風，以定時往來，而其定之故，由于日常招陰氣之勢也〔一〕。又居熱帶内者，大槩黑人不衣衣者，日曬所薰炙，血氣甚熱，常蒸發外如烟，細氣透皮細竅而散，粗氣塞之皮内，漸就乾結而變黑色。離夏冬二至之線，而止黄道、二極之線。北則所爲温氣二帶，其地不甚冷熱，不遠、不近赤道。南者多有海，北者古今名邦所居，中國在東，歐邏巴在西。凡自東徂西，一帶正當其界，毓靈孕秀，遂多聖賢、豪傑之儔。愚者疑此外地獨產野獸，乃過燠過寒，皆屬偏氣，雖有人像，大槩蠢頑不靈如猩猩，非也！凡出井者而遊南北，詳知經所言，『中國而夷狄，則夷狄之；夷狄而中國，則中國之。』〔二〕至黄道、二極之線，其内二地爲冷氣帶，因遠黄道，冬陷深夜，夏横倪日，光止物皮，煖不入内。海常冰凍，地常積雪。人當穴居，衣熊狼皮禦寒，獵貂鼠以貿易，捕大魚以補五穀，尚有多法。葢赤道之下，多有風雨，以節陽氣之炎，豈

〔一〕文中所言熱帶可居之法的三條論證，抄録自《空際格致》地之廣大條。

〔二〕其實，此説與孔孟諸儒的華夷觀大相徑庭，他們大多强調華夷之間的差異和對立，如『夷狄之有君，不如諸夏之亡也』『裔不謀夏，夷不亂華』。惟韓愈，在《原道》篇中言『孔子之作《春秋》也，諸侯用夷禮則夷之，進於中國則中國之』。文中所言正是對韓愈此説的徵引，而這與當時清朝入主的形勢密切相關，康熙、雍正、乾隆三朝力破傳統華夷觀。文中言辭，正好呼應了當時需要。

二極之下，無所以節陰氣之寒？即造物者至公至慈，奚私一方乎？

渾天

天地儀，以見日月運行、寒暑大意，精銅爲之圈一環，名子午環，取準南北二向，兩頭各用一樞。在南者借作南極，在北者借作北極，勻分三百六十度，隨地而移，如北極出地一度，則南極入地一度也。中環環名曰赤道，日行至此，則晝夜平矣。稍南北二十三度半，各一環，爲日行離赤道南北最遠之限。此三環，當用一關捩，貫于南北二極之中。俾其運轉者，最中一小球，乃地海全形也。自赤道下，北方諸國觀之，日行北道，則晝長夜短。至夏至而極，極則返而南；日行南道，則夜長晝短，至冬至而極，極則返而北。其赤道以南諸國，則返是焉。此儀之外，尚當作一地平環。此規平分渾象之半，凡北極日月、列宿在此上者可見，在此下者不可見。日此在上爲晝，此在下爲夜，而可以定此極、赤道離地之度；可以定星辰出入之分，及何星常見不伏，何星常伏不見；可以定列曜同出同入之度，及先後出入度；可以定太陽、各曜所出地，離赤道幾何緯度；可以辨各曜出入方位；可以筭各曜漸升之度，自一度上至九十度止。此規應設二規，一當地中半處，一當地面。若太陽、經星及木火土三星，離地絕遠，即以地中作平規，筭法亦無差。若筭太陰及金水二星，離地不甚遠，則當就地面起筭，方得確度耳。

星球

恒星之天廣愽，無一星非數倍大于全地也，從地仰之，猶微點耳。况從之邈天，俯視地，豈足觀乎？星本有燿，望之似顫動者，非如七政借太陽之光也。晝難見星，葢日光之強，充塞空際，目力爲光所奪，豈能見星之弱光乎？但入井底，因目不受日光之映射，即見頂上諸星之光，與夜時無異矣。星宿有兩動，一自東而西，隨赤道，而以南北二極爲運之樞；一自西而東，隨黄道，而以黄道、二極爲運之樞。若列宿較與七政，其私動更遲，必七十年有奇，始行一度，積之二萬五千餘歲，庶可一周天。今中華所恭北斗，隣北極約二度，孔子時必遠之十四度有餘，故是一星，非《論語》所謂北辰也。自古廣繞黄道極，如諸星稍稍近來赤道極，每年二十厘，推于後其最北，獨七分也，其最南四十餘度也。《論語》之北辰，不過凡别星偶居極中者也，豈有一確北星常居不動之所，而衆星拱之乎？列宿私動甚微，何以知之？必非一代一人之可考。究古曆家，始知恒星有本行之實度分，既已測其定度，今欲必得其轉移之數，或百年，或數十年，方可察其微渺之詳。後學相傳測度，復身試之，諸星難筭，甚高懸，約不過以麗天爲猶庭陛之燎。智者未覺其他德于地，愚者何妖法而将識各星之善惡，以定人生之吉凶哉。

四季

太陽躔黄道，每年一周，而分四季，非無主宰之妙意，蓋由此百物生養，各得其宜。試觀冬氣嚴寒，則嘉種閉藏，用取土氣，以自養生發之本，不既厚乎？春則和矣，引之申柝，由葉而華，由華而實生機。夏之熱，所以消湿氣之餘也，並變其未化者，開百菓之竅，通其汁以速其熟。秋冬得冷湿之中，爲節其乾焦之過，復新地力，以爲受種之機。赤道下，一年共有八季，蓋日輪每年二次近，二次遠，其天頂，故有冬夏各二，春秋亦各二。南北二極之下，惟一晝夜，均分一年，故夏冬、春秋亦均分一晝夜耶。另曆家或以十二宫，或以二十四節氣均分一年，各筭隨意，然不可每節氣之日均數。蓋日數與度數不等，太陽北行，乃一百八十度，南行亦然。黃道南北之度數同，而日數各異，蓋北行約有一百八十零六日，南行惟一百七十八日，非太陽實有遲速之序，但猶遲速之視其所以然，詳有曆書。

日晷

渾天之動一周，歷十二時，帶日晝夜迭換，曾無停駐，共動隨赤道線，每三十度爲一時。今欲作時晷，第一曰赤道晷，不過圓板上下畫一圈，周每三十度各刻線，即十二時線也。心中立直表，上下透出，以羅經置晷于正南，其面于赤道相因，其表正對南北二極而已。蓋太陽上行三十度，表影下反行三十度，而爲一時，光陰時刻相應者。日躔北程，照晷上面；日躔南程，照下面，處處無異，故爲公晷。此已既備，可以畫地平晷無難，但須放長其表，到地平而定之，即準也。又放長每時之線，到地平，皆歸聚于其表之根，爲時準線也。若欲畫竪晷，或朝正南北，或直對東西，皆可亦然。但對東西晷，晷有別，每時線非可聚于表根，皆宜畫相平者，其表亦非赤道晷之表一然。卯時線于東晷代表，酉時線于西晷代表，而俱立獨一秒之影指時也。然别有日晷，于六合偏多寡不齊，天文以齊之，詳述百法，皆細微。今圖上特畫一器，以補衆所不及。所謂赤道公晷，足製私晷之各種，而于上説小異。譬如一墻整齊，置公晷不遠，以羅經正其位，以直線放長其表，至墻于一點，此立表之根也。公私二晷相同一表，又每時之線，皆放長交于表線，而後至墻于一點，即晝時線之所，皆至表根而合，則墻晷諸時線得其宜耳。

時刻均分表

晝夜時刻，由日躔度分之筭。天明時，晝可以表影爲晷，夜可以星晷推筭；天晦時，昔用沙漏水流之器，而以其多寡驗太陽躔度也，皆難準者，而不得恒用。今又以三四輪交轉相發爲時表，而足以補他器之不足。凡輪借動之機，或以鐘下，或以量尺左右織路，或以法條藏盒内，而漸漸放開。各輪與他輪之齒，夾其圍而相授運動，其疾徐之數，視輪與他輪之大小焉，其齒之多寡焉。試六齒小輪，觸激六十齒大輪，當撓動十周，而大輪不過一周，大輪觸激小輪反然。據此理，工定各輪之疾徐，而以内動可量太陽躔度。盖外有时刻表恒轉，而晝夜相應日行之度分厘毫，近者可見時于表，遠者可聽于自鳴鐘之聲。西國古有一人，以玻璃造天體之儀，内藏消息，層層相聯，日月五星，各麗其天，各循其度，宛如一小天地，常顯交食、五星淩犯。此器不相傳，今巧工于自鳴鐘稍稍似之。

時刻長短表

晝夜均分十二時，非自一定數也。每時之長短，不過由古人自意而定。子丑寅卯虚名，天上俱無形可指，無凶吉可選，無始終可決。昔大西晝夜各十二時，而既漸長漸短者。其十二時，每日參差不齊，然作水器神妙以齊之，可覧上圖時晷。當晝紙上時線，交節氣線，而交處皆相遠近不同，正如時刻長短不同，然後須粘此晷爲中圓柱之面也。右有蠟人流淚，是乃下溝之水，隱升其間，而滴出不斷，由他溝流于左筒。水愈滿，檯表之柱愈高起，而扶表蠟人，漸漸自升，一升指晝夜之時長短。翌日自復下，圓柱移轉，而表得對別時之線。蓋水旁入曲筒，升而至高于灣角，自復就下，全歸大輪之池内，即壓而强動大輪，既動而于他輪之齒相交者，皆傳其動于上圓柱。乃是微動，足以轉移翌晝夜之時線，後日亦然。如此，獨一水滴流無異，可以測長短不齊之時耶。

驗氣器[一]

驗器有三種，一分清粗。當備玻璃圓壺，相連木筩之溝。頸有呼吸氣之二口，肚中包一提，是提一降，即上口吸壺中之氣入筩。又提一升，即下口呼筩内之氣出外，不復歸壺。十餘發畢，粗氣盡散，惟清氣不能盡。盖甚細微，透玻璃之竅，出入如日光一然。可推天下無虛空，清氣無所不容，但不足養育生類。試壺中置數犬猫、鳥蟲等活即死。欲不死，須引粗氣入壺，即活復動也。粗氣多含土水之微露，使以呼吸調心之熱，助血之運故也。第二器，驗粗氣之輕重。用玻璃一管，約三尺長，内盛滿水銀，其頭塞其脚開，竪皿中，涉他水銀，奇哉！水銀多不就下，而止二尺七寸高。舉器于山頂，有寡；于低處，有過；置清氣之中，水銀全降，放出粗氣之内復升二尺七寸。井水更高，乃至三丈三尺，此爲玉衡車之極也，皆由外粗氣之重。葢外

[一] 本條中的部分内容源自南懷仁《驗氣圖説》。

壓水面，管中無壓者，清氣輕也，不足壓水，細也則透玻璃外，不凝水升内，故升也。外氣愈重，内水愈高，可測天下粗氣爲重若干。第三器，以指冷熱。用玻璃球與曲管相通，管内注燒酒，滿半而已。外氣變冷熱，内酒升降，顯其多寡。蓋上球一觸外來熱，則内所含之氣，稀微開化，奮力舒放。球窄既無容，又無縫隙可出，則必壓左管之酒而降之，以降表熱，以升辨冷也。

挈水器〔一〕

古先廸哲作爲水器，以利天下，積久彌精，變化日新，宜著三四。第一爲大輪。置流水之中而轉，周圍多有方池，各掩水下，以口取水，然後在上，其口顛倒即吐水。木渠旁引之于旱田，遍廣滋潤。二玉衡車。物所成器者，無他，雙箭也；壺水所由

〔一〕 熊三拔等人撰有《泰西水法》一書，分别敘述了龍尾車、玉衡車、恒升車等挈水器的構造、使用等情況。本文「挈水器」一目中的諸多内容源於《泰西水法》一書。此書中的相關内容亦可見鄧玉函、王徵合作撰述的《遠西奇器圖説》「取水」一目。

代入，雙提也；水所由代升，壺也；水所由續而不絶，中筩衡軸也。所以雙提一升一降，恒強水上出中筩，愈長水升愈高。西國之房屋焚時，用這等之器，能射水之高楼而滅火。三龍尾車也，不過一軸。上宛委螺旋之溝，内孔爲水道也。龍尾或以帆，或以流河，可運旋本身。奇哉！水自以下而爲上，葢螺溝偏置而旋，一半就下，一半竪上，水入螺溝之孔而流下溝。然下溝漸漸至上，故水亦上，而不自知其上也。四爲串斗輪。欲水登最高，該鑿深井，又備两串斗，一長一短，各斗以口取水于池。長串既重，下井而強輪轉也；短串既輕，隨輪轉而上。長者井内倒水多，短者輪上倒水少，如此爲以水汲水，而不流之水，可令復上。此四水器，不勞人力而便利無比，可用或以治田之旱澇；或以作橋梁、城垣、宫室、楼臺、潮海之中，必當致露乾土，以水器可也；或以取下河引上山，而歸城郭，數十里伏流灌注，入于官府，或至大内園囿，或遊至人家，分枝析脉，任意取用，以水器可也。

倍力器

製器之義，惟以助學便工也。譬如前師以授人時，初畫日月、星辰之晷，衆一覽辨時而興事。黃帝始命作渾天，堯命製曆象，周公儛羅經，以定八面之向，皆大利天下。上古未有筭子毫楮，惟以撚指起筭，十指不離人器也。故十指爲小數之終，大數無窮之始，然後以簡便筭法。又他器百出，復經睿智者審定，指掌瞭然。發巧器之消息，不須勞記含，而諸數乘除、增減無爽者也。量法槩分圈爲四停，凡刻一大停九十度，大哉其用以量天地幾何。雖未出井者，而可以量全地圍；雖不能插翅者，而可以舉騐七政之高邈。盖所制窺天之器，窮極要渺，可爲天文之羽翼也。今格物之學，神妙無他法，乃奪百器之巧秘，即真能剖天地萬物之苞符，而抉性命之精奥，豈不遠勝前代歟？

論倍人力之器，卑匠所用以便業。種種難述，但宗器有五，各爲倍人力無窮之根底也。一秤干，二尖頭，三輪圍，四輪軸，五螺旋，皆用力少而成功多〔一〕。又遞互連機，彌增其利。昔有王命造一極大船，船成將下海。雖傾一國之力，用牛馬、駱駝千萬，莫能

〔一〕此説源於鄧玉函《遠西奇器圖説》：『器之總類有六：一天平，二等子，三槓杆，四滑車，五圓輪，六藤線。天平、等子、槓杆皆直線之類。滑車、輪皆輥圓之類。藤線有類蛇盤，皆螺絲龍尾之類。上五者皆爲權度之器之象……則五者又皆運動之器之象也。』

運。其國有士名幾墨得〔一〕者，營運巧法，第一舉手，舟如山岳轉動，須臾下海。上古製造弘工，紀載有七，謂天下七奇。今遠西諸國，立聖殿無數，高大奇巧，千百年不壞，而預防火患。其造法，鑿礦取大石，數十人所不能動者，一人用器具，則從下登高，不憂百丈峻樓之頂。古者曰：『設天地外，予占堅處，獨一人力，可以動摇天地之位是也。』

太陽歲

太陽歲以太陽行度一周爲筭，各周三百六十五日另三時，日數共分爲十二箇月。自永無閏月，只每四年，以所餘嬴之時，積滿一日。故每四年有閏日之月，未有閏月之年也。歲首宜起春分，因開闢之始，春期也。生植蕃茂，日際天中，而居其最高之衝，俱無不証於春之度，日始生而起年。

〔一〕　即古希臘哲人阿基米德(Archimedes)。本條末引徵的古者之言，亦出自其口。此一故事，抄録自王徵《遠西奇器圖説録最》

太陰歲

太陰歲則以月朔望爲筭，較與太陽歲難相齊者。葢十二箇晦朔，于太陽歲三百六十五日，尚缺十又一日，故有虧盈之數。惟十九年後，復歸晦朔合于太陽之歲，如以前獨有一時十二分之缺，其後再有虧盈，每年必要推筭，以爲定曆授時之準，則三年加一閏月，五年又閏，如此日月歲畧相齊耶。

輿圖彙言終